Diez lamentaciones del miserable estado de los ateístas de nuestro tiempo

FRAY JERÓNIMO GRACIÁN DE LA MADRE DE DIOS

Diez lamentaciones del miserable estado de los ateístas de nuestro tiempo

1611

DOBLE J

EL ARTE DE PENSAR

Edita: Editorial Doble J, S.L.
C/ Montevideo 14
41013 Sevilla, España
www.culturamoderna.com
editorialdoblej@editorialdoblej.com
ISBN: 978-84-96875-37-1

Índice

PRELIMINARES

Prologo al Illmo. y Rmo. señor el cardenal don Bernardo de Roxas, primado è inquisidor general de España. Fr. Geronymo Gracian de la Madre de Dios. S.

Preguntó V. S. Illustma. (segun me escriven de España) en que me ocupava yo en estos Estados de Flandes. Mis ocupaciones (Illustmo. Señor) en estos Payses son, el Pulpito y Confessionario: que no falta (assi de los Cortesanos y Soldados, como de otros naturales deste mismo pays) quien entienda nuestra lengua: y pueda aprovechar su alma. Demas desto, (porque en estas partes ay mas comodidad de impression) he hecho imprimir el libro de la perficion religiosa, llamado Lampara encendida, y otro que se intitula, Dilucidario del verdadero espiritu, y el de las Alabanças de San Ioseph, y el del Zelo de la conversion de Gètiles, y redempcion de cautivos, una suma de Theologia Mystica, sacada de Sant Buenaventura, y otro que se llamo Vida del alma unida, è imitación de Christo. Que aunque algunos dellos estavan impressos en España, aqui los he tornado a ver, y añadir. Y viendo los daños que hazian algunos libros de hereges Españoles, como de Cassiodoro de Reyna, y Cypriano de Valera, y la doctrina que traia para imprimir contra la authoridad y poder del Papa en Holanda un Don Fernando de las Infantas, y un libro llamado fuente de la vida, que compuso

I

un pedro de Paez en Middelburg, y unos nuevos articulos que llaman de Hessia, impressos el año passado en Zelanda, escrivi contra estos algunos tratados en manera de controversias, llamados la Confusión de Babilonia, y del poder y Santidad del Papa, y Confutacion de los articulos de Hessia, aunque despues me parecio tiempo perdido, dineros mal gastados, y trabajo sin provecho hazer imprimir y sacar a luz estos libros: porque hartas controversias ay escritas en otras lenguas, y para nuestros Españoles (a quien principalmente entiendo aprovechar) no son menester controversias ni razones Theologas, para que crean antes me resolvi, en que les haria mas al caso persuadirles, que no disputen contra los hereges, y quando dellos se vieren importunados (porque no piense el herege, que el callar es conceder en sus errores) para que les puedan responder y confundir con razones claras y manuales, exemplos, historias, y cuentos en el lenguaje que entre ellos se usa, les di impresso un librico intitulado, El Soldado Catholico, que no ha sido de poca luz, gusto, y provecho para los Soldados Españoles.

Y como por ocasion deste librito, me fuesse necessario rebolver libros de hereges, è informarme de las mas nuevas heregias que agora corren, y viesse que ya muchos dexavan a Luthero, y Calvino, y se hazian Atheistas: y que con el Atheismo se puede hazer gran daño, especialmente en las Indias de España, donde muchos destos Holandeses contratan, para dar luz destos Atheistas, y llorar sus abominaciones, me parecio escrivir este pequeño libro, en que lloro su miserable estado, y dirigirlo a vuestra Señoria Illustrissima, a quien tengo por Patron y Señor, desde los antiguos tiempos de nuestros primeros estudios para darle aviso de lo que por aca passa: Suplicando, le reciba con el amor y benevolencia que suele tener a todas mis cosas.

APPROBATIO

Ego Fr. Ferd. S. Victoris S. T. D, Provincia Germania e inferioris Ord. B. Mariae de Monte Carmelo Prior prouincialis, librum hunc intitulatum, Lamentaciones del miserable estado de los Atheistas de nuestros tiempos, a R. P. Fr. Hieronymo Gratiano, eiusdem instituti Doct. *Theol, conscriptum legi, & ut lingua Hisp. Peritus approbavi: necnon potestate a R. P. nostro Generali Henrico Sylvio ad hoc obtenta, ut typo excudatur, licentiam concedo. In quorum fidem hasce manu nostra subscriptas, figilloq; officii munitas dedimus, BruxeI.*

20, Septemb. 1611.

Fr. Ferd. de S. Vict. Prov.
Carm. Germ. Inf.

APPROBATIO

Legi accuratè & attentè dècem has Lamentationes miserabilis status Atheistarum nostrae miserandae aetatis, a Reverendo admodum Patre Fr. Hieronymo Graciano a Matre Dei Carmelitarum instituti, Scraeque, Theologiae Doctore conscriptas. In eis autem nihil invenio quod Fidei Catholicae, aut traditionibus Apostolorum, sacris Conciliis, Orthodoxorumque Patrum senteniis, vel bonis moribus ullomodo adversetur: sed doctrinam potius sanam, fidelem sermonem, ad fidei nostra e exaltationem, Haeresum extirpationem, perutilem, necnon ad confirmandum in fide Catholica Ecclesiae Apostolicae filios zeloque, zelatur in eis (ut verus Elia e filius) author, pro Domino exercituum, & inter fectos filios populi sui charitate plenus deplorat, Quapropter dignas valde censeo illas ut typis mandentur & praelo. In quorum omnium fidem & attestationem has dedi, & subsignavi. Bruxellae in Conventu Minorum 23. Mensis Augusti, anno ab incarnatione Domini 1611.

Fr. Andreas a Soto.

Lamentacion primera

En que se pone el titulo, materia, intención, y estilo de este libro. Declarase este nombre Atheista, que sea el Atheismo, y quantas maneras ay de Atheistas, y los libros, y relaciones de donde se collige lo que aqui se escrive.

El Santo Propheta Elias con la espada de fuego de su zelo y espiritu, descabeçò los falsos Prophetas de Baal, y llorò la miseria de los que dexavan a Dios en su pueblo de Samaria, en tiempo de Iezabel. Y desta fuente (como dizen los Papas) descendieron los Carmelitas: que con espiritu doblado de zelo y oracion, letras y virtud, aspereza y piedad, devocion y rigor, que heredaron de su Padre, confunden los hereges: arguyendo, disputando, y escriuiendo contra sus heregias. Como san Cyrilo Alexandrino, que confundio a Nestorio, Caprasio y sus discipulos a los Novacianos: Guido Carmelita, que escrivio divinamente contra hereges, Thomas Waldense contra Wiclef y Iuan Hus, y otros muchos authores desta Orden. Quisiera yo, que soy el mas minimo della, tener un poco deste zelo y espiritu para escrivir contra los Atheistas deste tiempo:

mas como flaco y miserable, acudirè a las lagrimas (arma de los que poco pueden) y llorarè en diez lamentaciones el miserable estado, en que al presente se halla el mundo, por aver crecido tanto el Atheismo.

Declararè, que sean Atheistas, las maneras que ay dellos, su origen, sus abominaciones, y daños, con el mas breve y claro estilo que pudiere. Recopilando la doctrina que aqui dirè de muchos y diversos Authores, que contra ellos han escrito, y procurando traer lo que fuere mas a proposito, para declarar esta abominable pestilencia.

No es mi intención escrivir de proposito controversias: porque muchos Santos y Authores antiguos y modernos, Catholicos y Hereges han disputado contra ellos, y compuesto grandes libros, y seria nunca acabar, si contra todos sus errores, las heregias de donde nacen, y las opiniones diversas que tienen, huviesse de disputar en particular. Contentome con descubrir este pielago de abominaciones, y escriviendo en común y universalmente, combidar a los fieles y devotos a llorar tan gran desventura: pidiendo ante todas cosas el favor de la sacratissima Virgen Maria, de quien canta la Iglesia, que *destruye y deshaze todas las heregias del mundo universo.*

Y tomando principio de la declaracion del nombre Atheista, o Atheos en Griego quiere dezir, sin Dios, porque Theos, es lo mismo que Dios, y, a, sin. No se llama el alma sin Dios, porque pueda estar sin el, segun el ser natural, pues dize San Pablo: *que en el vivimos, y nos movemos y somos.* Y (como es inmenso) no puede ser que se aparte de ninguna criatura. Podrianse llamar sin Dios todos los que estan en peccado mortal, porque les falta su gracia, y segun Esaias, *los pecados hazen apartamiento entre Dios y el alma, y la divina salud esta lexos de los pecadores,* y assi su voluntad esta lexos y apartada de la divina. Y tambien todos los hereges (cuyo conocimiento esta apartado del verdadero Dios, y de su ley, y fee) se podrian llamar Atheistas. Mas propriamente hablando, aqui llamamos Atheistas a los pecadores hereges, que han llegado a tan profunda miseria, que niegan haver Dios, o hablan mal contra su divina essencia, o viven sin ley y sin razon.

Y assi el Atheismo es el abismo de todos los pecados, y heregias: pielago de todas las abominaciones; fin de todos los males; cumbre de todos los errores; y el estado mas miserable, a que en este mundo las almas pueden llegar. Que assi como todos los rios entran en la mar, y todas las lineas del circulo van a parar a un mismo centro, y el infierno es lo sumo de todos los males: assi el Atheismo es el infierno de todos los errores: y de aqui es que a los Atheistas unos los llamen Zuinglianos, otros David Georgianos, o Anabaptistas & segun la secta de que proceden. Aqui los llamamos Atheistas del fin adonde llegaron, y la mar adonde entraron, y no de las fuentes de donde tuvieron su principio. Y assi como todas las lineas en el centro se hazen una mesma cosa, y todos los rios quando entran en la mar, participan de la misma amargura de agua; assi los hereges quando llegan al Atheismo, participan de unas mismas abominaciones. Y de aqui nace, que no se puede escrivir contra ellos tan distintamente, como contra otras heregias: porque como este estado es todo confusión, no puede aver mas distincta, mas clara, y mas particular escritura.

Y si alguna figura nos declara a lo vivo, que sea Atheismo, es el quarto cavallo palido del Apocalipsi. Porque el cavallo blanco significa el estado de los fieles y justos: el vermejo

3

el de los tyranos que persiguen a los buenos y martyres: el negro el de todos los hereges, que ha avido y ay agora. Despues destos corre el *palido, sobre quien va la muerte, y a quien sigue el infierno:* y después del no se siguen mas de quexas, y lamentaciones de los justos: y lo que queda por venir, es el AntiChristo, y las señales del ultimo Juyzio, descubiertas en el quinto y sexto sello. Assi el Atheismo (como caballo diverso del negro) es diverso, y mas perverso estado, que el de la heregia, al qual Atheismo sigue la muerte y el infierno: porque no ay ya mas mal, que esperar en el mundo, ni se puede temer mayor abominación.

En todo tiempo ha avido Atheistas, mas despues que la estrella llamada Apolion, (que es figura de Luthero, cayó del cielo de la fee y religion) abrio el poço del abismo, de donde saliò el humo, con que se escureciò el Sol de la verdadera doctrina, y salieron las inumerables langostas de los hereges, que le han seguido: y en todas las quatro partes del mundo se han dilatado muchos errores, ha venido la plaga que vio el mesmo glorioso San Juan de los Atheistas, a quien llama cavallos, con cavalleros encima, armados de lorigas, de cuya boca sale *fuego, humo, y açufre,* que significa la libertad, deshonestidad y sobervia, con que tanto daño hazen, y haran (si Dios no lo remedia) los Atheistas de nuestros tiempos, que en muchas partes del mundo, principalmente en estos baxos estados se han levantado.

Llamase el demonio Dragon vermejo de siete cabeças coronadas, y de diez cuernos (y pues que no ay cosa mas parecida al demonio que el Atheismo) con razon podemos llamar Dragon vermejo al Atheismo, y dividirle en siete especies, contando siete maneras de Atheistas, por el orden siguiente.

La primera, los Atheistas blasphemos: y llamo assi a los que dizen, que no ay Dios, o hablan mal del. La segunda, los Atheistas carnales, sensuales, y Epicureos, que tienen por Dios a su vientre, y no viven con mas cuydado, que de nacer y morir. La tercera, los libertinos, que viven sin ley y sin fee, no dando credito a ninguna, y queriendo ser libres en lo interior y exterior, de toda obediencia y sugecion. La quarta, los Atheistas hypocritas, que en lo exterior siguen qualquiera ley y fee, que les es mas provechosa para sus gustos, hazienda, o reputación. La quinta, Atheistas espirituales o perfectistas, que con titulo y color de oración, perficion y espiritu (mostrándose muy perfectos) siguen libertad, y aquella fee y ley que ellos se forjan, haziendola de su cabeça, como si fuesen Dios. La sexta, Atheistas Politicos, discipulos de Machiavello, que anteponen a la Divina ley su razon de estado, y aquella tienen por buena fee, que es de mayor provecho para su augmento y conservación. La septima, Atheistas Christianos desalmados, que siguen y profesan la fee y ley de Christo Jesus, y en ella estan bautizados, pero viven de tal manera, y estan tan endurecidos, insensibles y obstinados en sus pecados y vicios, que dizen en su coraçon no aver Dios: y viven, como si no le huviesse.

Estas siete cabeças tienen siete coronas, que son siete maldades, en que principalmente se fundan. La primera la blasphemia: la segunda la sensualidad: la tercera la sobervia: la quarta la hypocrisia: la quinta las illusiones y engaños del demonio: la sexta la avaricia: la septima y ultima la dureza de coraçon. Estas son sus coronas, con estos vicios se adornan, destos polvos vienen sus lodos, y en estas abominaciones se enfrascan. No porque el Atheista blasphemò no sea tambien sensual, sobervio, y avariento & y assi de los demas: pero damos les el nombre, segun la abominación que en ellos mas predomina. Assi como los Choros de los Angeles se dividen en nueve, segun la virtud y oficio, en que cada uno mas resplandece, no porque los unos carezcan de las virtudes de los otros, que los Seraphines tambien contemplan la essencia divina, como los Cherubines, y los Cherubines aman a Dios como los Seraphines, y assi los demas: pero llamanse Seraphines, porque su mas particular virtud y perfecion es amar.

Para mayor declaración de toda esta doctrina, tocaremos brevemente algunos de los hereges antiguos, a quien han seguido los Atheistas de nuestros tiempos en alguna destas siete cabeças, y los modernos, que despues de Luthero las siguen; nombrando en particular algun celebre herege por Capitan, cuya vida nos declarara mejor la abominación de cada Atheismo. Assi como Virgilio toma la historia de Eneas, y Homero la de Ulisses, para escrivir las excelencias de un gran Príncipe y Capitan General, assi tomarè yo la historia de Valentin Gentil, y de los Servetos para los blasphemos, a Theodoro Beza para los sensuales, a David George para los Libertinos, a Loy de Schalledecker para los hypocritas, a Arent Bares para los perfectistas, a los Holandeses para los Politicos, y no quiero nombrar a ninguno de los malos Christianos: porque ay muchos vivos, ô ha poco que murieron, y no dar ocasion de murmurar a los que los conocen y conocieren poco ha, y con esta orden procederemos en el nombre del Señor y de la Sacratissima Virgen.

Para escrivir con mas puntualidad desta materia, especialmente de los mas nuevos Atheistas, que agora viven, me ha sido necesario (demas de los libros que escriven contra hereges, como Guido, Castro, Lindano, Prateolo, Ribadeneyra, Antonio Possevino, Petro Coreto Canonigo de Tornay, y otros) recoger algunas cosas de los libros escritos por los hereges mas modernos, como uno que se intitula, *de Ecclesia visibili,* y otro *Espejo de Justicia,* y otro *Hortulus herbarum,* y otro *Sonitus campanae,* y otro libro intitulado Thesoro de Jardines, y otros que llaman, *Divinas mociones,* otro que trata del verdadero Messias, y libros semejantes: aunque los mas dellos (porque estan en flamenco) me han interpretado quien sabe la lengua. Demas desto tengo buenas relaciones de siervos y siervas de Dios, que han tratado y disputado con estos Atheistas. Como de uno llamado Juan Reynero, que en Holanda conoce al presente a muchos, y sabe muy bien sus proposiciones y costumbres, que me ha dado dellos larga relación. Y tambien he procurado saber lo que enseñan los mas nuevos ministros de Holanda, como Arent Bares, Theodoro Cornat, Arnoldo Bernardi, Henrico Hallo, Henrico Ansser, Roberto Roberti, Gaspar Coellar, y un Medico Predicante en Dordrecht, y otro llamado M. Pedro, y un Sastre predicante en Middelburg, y otros semejantes.

LAMENTACION SEGUNDA

En que se trata de los Atheistas blasphemos, contenidos en la primera cabeça del Dragon: assi de los antiguos Philosophos que negavan y ponian en duda aver Dios, como de los modernos a quien los mesmos hereges llaman Atheistas.

Llorando llorava de noche, y no se enxugavan los ojos de las lagrymas al Propheta Jeremias, por la destruyción de su pueblo. Con quanta mas razón pedire yo al Señor lagrymas de sangre, para llorar tan gran desventura, como veer, que *(conociendo el buey a su posseedor, y el asno al pesebre de su Señor, y el Milano, Cigueña y Golondrina el tiempo de su venida)* ayan llegado los hombres, criados a ymagen y semejança de Dios, muy poco menores que los Angeles, dotados de uso de razón y libre alvedrio, a tanta ceguedad, que se atrevan a dezir, que no ay Dios, y que en los negocios humanos no ay mas que vivir y morir como bestias; o dezir tales cosas del que los crio, que aun las bestias, si supiesen hablar, no las dixeran. Entre los antiguos un Philosopho llamado Protagoras, porque se atrevio en Athenas a dezir estas palabras. *Que no se podia saber de cierto, si avia Dios, o no,* le desterraron los Athenienses de todas sus tierras, como se colige de Theodoreto Cyrenense, y refiere Polydoro Virgilio. Pero passo mas adelante la desverguença, y Diagoras y Theodoro Cyrenayco, y Evemero, Thegeates, Calimacho, Podreo, Ceo, y otros Philosophos (entre los quales refiere Prateolo a Luciano, Lucrecio, y Doleto se atrevieron a dezir absolutamente que no avia Dios.

Y aunque esta blasfemia es insufrible, no menos es la de muchos hereges de nuestros tiempos, que hablan de la misma manera, y aun mucho peor: pues dizen que Dios es peor que el Diablo. Y que no ay que hazer mas caso, que de nacer y morir los hombres: que a mi parecer es lo sumo a que se puede llegar. Y porque nadie diga que se lo levantamos, quiero dar por Authores de que ay estos Atheistas a los mismos Lutheranos, Calvinos y Anabaptistas. Entre los quales uno llamado Hedio en una epistola que escrive a Philipe Melanchton dize estas palabras, *El astuto Sathanas ha engañado de tal suerte a algunos de los nuestros, que ninguna cosa creen, ni piensan que ay mas de lo que veen por los ojos: y assi vienen a negar que ay Dios, y a ser Atheistas.* Y quexandose dellos añade estas palabras. *Muchos Católicos en Alemania y en Francia se hazen Lutheranos, y de Lutheranos Zuinglianos, de Zuinglianos Suenofeldianos, y no parando ay, vienen a ser Atheistas.* Y otro herege llamado Pedro Bireto dize, *que ay muchos entre ellos que viven como puercos, principalmente en una Iglesia de Geneva que llaman Italica.* Y refiere, que estando una vez congregados los Calvinistas, para tratar como escrivirian contra el Papa, Purgatorio, y otros articulos de la Iglesia Romana, levantose uno dellos y dixo estas palabras.

Digamos de una vez que el alma muere con el cuerpo, y que no ay Dios, y con esto de un golpe derribaremos Papa y purgatorio, y todas las demas ceremonias de los Papistas. A estos dos hereges refiere Lindano. Y Prateolo escrive a la larga lo que dize un Joannes Wigandus, en un libro que compuso contra los nuevos Arrianos de Polonia: en el qua] dize, que estos hereges niegan aver Dios, dando por razón, *que no le vemos con los ojos corporales, como vemos al Príncipe de la tierra, y que en el hombre no esta la Imagen de Dios:* porque si huviera Dios (dizen) *como avia de permitir la mesma prosperidad y vida, j la adversidad y muerte, assi en los hombres que son sus amigos, como en sus enemigos: y como avia de consentir que el Diablo tuviese tanto poder sobre los buenos, que son sus amigos,* y semejantes disparates, en que no me quiero detener, ni referir las muchas razones que este herege Wigando pone para provar que ay Dios. Porque si quisiera tratar desto, mejor las escrive Santo Thomas contra gentes, y otros muchos Santos que han escrito contra infieles, y muchos Philosofos, como Aristoteles y Platon, que se pueden leer en Augustino Eugubino en su libro de perenni Philosophia. Y aunque estos primeros son los mas abominables Atheistas y mayores blasfemos, otros ay semejantes a ellos: que dizen no ser Dios omnipotente, como lo dize Beza, y que solo el es gran pecador, engañador y Tyrano, como refiere Zuinglio. Pero no me quiero detener en esta primera cabeça del Dragon de los Atheistas blasfemos, por passar a los que mayor daño hazen en el mundo, que son los Sensuales y Epicureos, ni contar la vida de Constantin Gentil, a quien podernos nombrar por Capitan destos blasphemos.

LAMENTACION TERCERA

De los Atheistas Carnales y Epicureos. Refierense algunas torpezas, que ha avido desde el tiempo de Noe, hasta los Nicolaitas y hereges de nuestros tiempos. Cuentanse las deshonestidades de Theodoro Beza, y de otros que aora viven. Declarase el daño que haze la sensualidad para la heregia, y el brindarse y besarse sensualmente quanto dispone para el Atheismo.

Epicuro (aunque confiesa aver Dios) dezia, que Dios no tiene cuydado ni providencia de las cosas deste mundo: y no premia a los buenos, ni castiga a los malos: y assi que cada qual puede vivir al sabor de su paladar, siguiendo los apetitos de su Carne, como canta Lucrecio en sus versos, hablando de Epicuro que dezia.

Non bene pro meritis capitur, nec tangitur ira.

Como quien dize, ni Dios se enoja, ni agrada de las obras buenas ni malas de los hombres, y Virgilio.

Nec curare Deum credis mortalia quemquam?

Piensas tu (dize) que Dios tiene cuydado de las cosas de los mortales, ni haze caso dellos? Y a este proposito de Epicuro dize Ciceron. *Que si Dios fuese de tal naturaleza y condicion,* como Epicuro dize, *no avria para que llamarle Dios, sino un Monstruo fiero.* La causa de negar Epicuro y sus sequaces la providencia divina, es por andarse a sus anchuras, seguir sus passiones y deleytes carnales, desechando de si todo temor que les podria refrenar, y poniendo los hados, y el temor del infierno debaxo de sus pies, segun aquello de Virgilio.

Metus omnes, & inexorabile fatum Subiecit pedibus, strepitum Acherontis avari.

Porque es tan desventurada nuestra humana naturaleza, y quedo tan flaca despues del pecado original, y tan inclinada a la glotoneria, y torpezas carnales, que poco despues de criado el mundo, fue necessario que Dios con un deluvio universal apagase el fuego sensual, *con que estava toda carne corrompida a tiempo de Noe.* Y aunque con la ley de Moysen se mejoro despues del diluvio, no faltaron entonces hijos de Israel, que mezclándose con las Moabitas y Amonitas provocaron el divino castigo, como se refiere en los Numeros, y largamente escrive Josepho. Y por aver crecido la deshonestidad en aquel pueblo en tanto grado que permitieron *casas publicas de mancebos,* nefandos, dizen que les vino la captividad de Babilonia. Tambien entre los Romanos no faltaron Atheistas Carnales. Que (como se colige de Herodoto) Melampo hijo de Amiteon traxo de Egypto a Grecia las fiestas de Bacho, y un mal Sacerdote Griego las sembró en Italia, y vino a tanta desventura, que adoraron en Roma a Venus, y la fundaron una religion, cuya primera Sacerdotissa se llamo Pacula Minia Campana. Quiero callar las abominaciones sensuales que estas (olvidadas de su Romana Lucrecia) hazian que puede leer quien quisiere en Polidoro Virgilio.

Es cosa de llorar, de que pequeña centella se encendió el fuego deshonesto de los Gnosticos, y otros inumerables hereges sensuales, que ha avido antiguamente, que fue unas necias palabras que dixo Nicolao Diacono delante de los Apostoles. El qual (como refiere Nycephoro) tenia una hermosissima muger, y reprehendiendolo el Colegio Apostólico, de que la tratava mal, respondio. No lo hago cierto por ser ella hermosa, y tener yo zelos, que en lo que a mi toca, qualquier se la puede tomar, *quia abutendum est carne,* y algunos que oyeron esto, dilataron mentirosamente el rumor, y sembraron que el Colegio Apostolico avia determinado, que las mugeres fuessen comunes, y aquellas palabras *abutendum est,* que (quiça) dixo Nicolao en sentido bueno, y queriendo dezir que no se ha de hazer caso de la carne, interpretaron en mal sentido, como si dixera Nicolao, que se avian de dar al uso de la carne, y de aqui tuvo principio la heregia de los Nicolaitas, tan aborrescida de Dios, como dize S. Juan. No quiero agora disputar, si el mismo Nicolao fue herege, o no. Que S. Ignacio, Nycephoro, y Clemente Alexandrino le defienden, diziendo que fue varon santo, y tuvo dos hijas santas donzellas, y un hijo celebre y casto Sacerdote. Mas Philostrato, S. Geronymo, y Ruperto dizen, que fue como Judas, que aunque al principio fue santo, despues fue abominable herege Atheista carnal: y dio principio a las sensuales heregias de Cherinto, Hebion, y a las de los Gnosticos y Borborianos,

15

y otras muchas que han llegado hasta nuestros tiempos, en que Luthero, Calvino y otros sus discipulos han sacado del poço del abismo el abismo de la sensualidad que todos sabemos exercitan, hasta a ser Atheistas carnales.

Entre los quales quiero nombrar por Capitan a Theodoro Beza, nuevo y blasphemo Epicureo, que assi le llama Heshusio. Este fue por los años 1550, y (aunque hablan del largamente Lindano y Prateolo) mas al vivo le pintan, y declaran sus maldades y deshonestidades Claudio de Santes, respondiendo a una Apologia, que contra el escrivio este Beza, y mucho mas el herege Tilmano Heshusio Lutherano en una Apologia que escrive contra el mesmo Beza, y contra su Mº Calvino, donde cuentan sus errores y blasfemias, que dixo contra Dios y sus Santos, y la crueldad conque persuadio a Poltroto, que matasse al Duque de Guisa: Las abominaciones que escrive contra los Obispos de Francia, y otras muchas cosas que quiero callar, por dezir los banquetes, glotonerias, y borracherias, con que el y sus compañeros, que eran diez Frayles Apostatas, vivian en la Ciudad de Pissiaco, y las deshonestidades increybles que cometia en tanto grado que le llarnavan, marido de todas las mugeres de su tierra; Cuentan muchas en particular Grabiel Fabricio, y Juan Betus, como lo que le acaescio con una Señora muy principal: con quien (estando para predicar) se encerró mas de quatro horas peccando con ella. Mas para llamalle Atheista carnal, no me hazen tanto al caso sus pecados deshonestos, quanto la desverguença con que escrivio muchas Satyras y versos Latinos, peores que de Marcial, ni Ovidio de Arte amandi. Tengo entre otras cosas una Epigramma suya, sacada de un libro de Epigramas que esta impresso en Paris por Roberto Stefano el año de 1546 en que confiessa, estar amancebado con una amiga suya, llamada Candida, y ser buxaron con uno llamado Audaberto, y aunque se precia de los dos pecados, en mas estima el nefando, o miserable tiempo, en que este Beza (que era Licenciado en Leyes, y beneficiado, y vendio el beneficio dos vezes, engañando a dos) vivio en Francia, en tiempo de otro llamado Hugo, padre de los Hugonotes, discipulos entrambos de Calvino, que con su torpe vida y doctrina, se destruyo de tal suerte la castidad de Francia, y nacieron tales rebueltas, que se contaron aver sido destruydas 12000 y 300 donzellas, y otras honestas mugeres de aquellos payses, sin las secretas que no se supieron, y las que despues han sucedido deshonestas: como se vee en un libro intitulado, *les secrets des Finances de France,* que es, el secreto de las Finanças de Francia: y esto refiere Francisco Vivardencio, Doctor de Paris, en lo que escrive sobre la Epistola Catholica de San judas.

No ay duda sino que la deshonestidad es madre de la heregia: y quando llega a lo sumo, se buelve Atheismo. Porque si queremos contar las principales heregias, que ha avido en el mundo, quasi todas han nacido del vino y Venus. San Clemente en su Itinerario escrive, que Simon Mago traia consigo una su manceba, que llamava Sabiduria del Cielo. Y S. Juan Chrysostomo dize, que Paulo Samosatense fue engañado por otra su amiga. San Augustin refiere de Donato, que le hizo pecar Lucilla Española; y S. Geronymo escrive, que otra Española llamada Agape destruyò a Elpidio, y Marcion por causa de otra mala muger que embio a Roma, con quien estava amigado, hizo gran daño en la Christiandad: como Apeles con su Philomena, y Montano con su Prisca, y Maximila, y Atrio con una hermana del Principe Constancio, a quien engañò. Todo esto refiere San Geronymo, y también lo de Helena y Symon Mago, y las deshonestidades de Nicolao Antiocheno, y de los hereges que le siguieron, y de todos sus errores nacidos de los festines con mugeres: y entre otras dize estas palabras, *Nicolaus Antiochenus omnium immundiciarum repertor choros duxit femineos, &.*

Ya estamos (a mi parecer) en aquellos ultimos y peligrosissimos tiempos, de quien dize San Pablo; *hi sunt qui penetrant domos*, &. engañan las donzellas, y se dan a todo genero de deshonestidad. Heme informado de quien lo sabe bien, aver muchos (aunque encubiertos, en estos payses, mas en Holanda y otras partes publicos) que de continuo viven amancebados, y que aun de tratar con las proprias hijas y hermanas, no se abstienen: y siendo casados, traen a sus proprias casas las mancebas, diziendo a sus mugeres, que hagan ellas otro tanto con quien les diere gusto. Sus platicas son deshonestas, son amigos de pinturas torpes, y si alguna vez se abstienen de tratar con casadas, es por el agravio que (dizen) hazen a sus maridos, o abstienense algo, por no gastar dineros. Se de uno, que oyendo tratar de los milagros de nuestra Señora de Sichem, dixo estas palabras. *Querria yo que hiziese conmigo este milagro, de poder todas las vezes, que yo quisiere tomar mis gustos con mugeres*, &.

Mas a que han de venir los que sin ninguna verguença se emborrachan del vino, *in quo est luxuria* (como dize San Pablo) y desde la mañana hasta la noche (como se quexa Esaias) se estan brindando, y les dura la comida quatro o seys horas, y aun levantándose de la mesa, se estan en pie beviendo, hasta caer, jamas ayunan, y llaman al ayuno cosa de niños. Vanse a las tavernas y hosterias con las mugeres que quieren, y hartanse de vino y cerveza: sus refranes son, *Tomemos buena vida, mientras aca vivieramos, que despues de la muerte, no sabemos si comeremos o beveremos.* Suelen en los festines y combites (levantandose de la mesa) andar al trocado un casado con la muger del otro &. Y finalmente la vida destos glotones Epicureos es la que pinta San Geronymo en el libro de la Virginidad, que escrive a Eustochio, donde dize, que quando a estos tales se les reprehende su embriaguez responden, *omnia munda mundís. En el bever no ay pecado mortal. Mi conciencia esta sana; Dios no me pide sino el coraçon limpio. Tengo yo dexar de comer lo que Dios crio para la vida de los hombres? En el vino no esta la sangre de Christo?* Y cosas semejantes. Lease lo que este Santo glorioso escrive a Tesiphon contra los Pelagianos, destas glotonerias, bien contrarias a lo que el mismo Santo escrive contra Joviniano, de las abstinencias, que hazian los de buen entendimiento (aunque no eran Christianos,) que dize; Que en el siglo dorado de Saturno, y quando reynava Pigmaleon en Oriente, ninguno comia carne, sustentandose de solas frutas, y yervas, y trae por Authores desto a Dezearcho en el libro de las antiguedades, y a Asclepiades Cypro, y tambien refiere a Cheremon Estoico, que tratando de la vida de los Sacerdotes de Egypto dizen. Que ni comian carne, ni bevian vino, y se abstenian de comer huevos, diziendo que eran carne liquida, y leche, porque dezian que era sangre mudado el color. Mas no quiero tratar mas de la abominación de la gula y embriaguez, que no enbalde la llamavan los Santos Padres del yermo Castrimargia, como quien dize Capitana de todos los vicios.

Claro es, que el que se emborracha, pecca mortalmente, y es gran afrenta este nombre, pero no me espanta, sino algunos que defienden la embriaguez, y aun la tienen por honrra, y les parece que harian mal, los que no hiziessen la razon, quando les brindan; aunque sepan que en su estomago no cabe mas vino sin emborracharse, que estos tales (sino se van a la mano) caminan a ser Atheistas. Deseando yo saber, de donde nacio esta costumbre de brindarse, y hazer razon tan sin razon: como es pecar, hallò que los Iones Asiaticos (como de Valerio Maximo refiere Polidoro Virgilio) fueron los primeros, que inventaron yrse brindando en la mesa, poniendo el que brindava al otro una corona en la cabeça, como agora se usa en algunas partes de estos estados: y por esta causa Lycurgo puso tanta fuerça en sus leyes, para que los Griegos no siguiesen estas malas costumbres de Asia, aunque los Espartanos, y otros de Grecia no se abstuvieron desto, antes forçavan a que se les hiziesse la razon, tantas vezes quantas bevian hasta caer, como hazen agora los Atheistas y otros hereges.

Tambien usan besarse en la boca, quando estan en la tabla, o, danzan en el festin, y querer sanctificar esta costumbre, no lo tengo por bueno. Verdad es, que el besarse de la manera que Christo dixo al Phariseo, defendiendo a la Magdalena, *Osculum mihi non dedisti,* y saludarse con beso de paz (como escrive San Pablo a los de Corintho) no es malo: porque es señal de amistad y cortesia (donde ello se usa.) Y antiguamente entre los Romanos se usava, que las mugeres de qualquier estado que fuessen, besavan a sus parientes quando venian de fuera, la qual costumbre (como cuenta Polidoro Virgilio) tuvo principio de las Troyanas, que llegando a Italia, despues de la destruycion de Troya, y aviendo desembarcado sus maridos, y entrado la tierra dentro, ellas salieron de las naos, y las pusieron fuego, por no tornar otra vez a navegar: y temerosas de que los hombres no las matassen por este atrevimiento, quando bolviessen a la marina, los salieron a recibir besándolos, porque se aplacassen: mas besarse en la boca (despues de muy hartos de vino, o incitados con los bayles y danças, o estando a solas y a escuras gente moça y occasionada) no paresce posible dexar de ser peligroso, y causa de algunos pecados: y como ay muchas donzellas pobres, que queriendose casar con hombres de mas estado y riquezas que ellas tienen, llevan en lugar de dote la hermosura, acariciar al que las sirve, y no resistir a sus gustos, pareceme que es al modo de las donzellas de Babilonia, de quien cuenta el mesmo Polidoro Virgilio, que se ponian sentadas a las puertas del templo de Venus, para ganar su dote, y que desta Babilonia de consentir cosas torpes, embriagarse y tenerlo por bueno, no se puede seguir sino heregia, y venir al profundo del Atheismo. Mas basta lo dicho, para aver declarado los Atheistas Carnales.

Lamentacion quarta

De los Atheistas Libertinos. Tratase de sus principios y auctores, y de sus nombres, y las maneras que ay de libertad. Comparanse a los Marabutos de Berberia, y a los Priscilianistas antiguos. Declarase la abominable vida de David George: y refierense algunos Ministros libertinos, que aora viven en Holanda.

La carnalidad (de que hemos hablado) es principio de los Atheistas Libertinos, de que agora tengo de tratar. Muchas cosas pudiera dezir dellos, colegidas de lo que escrive San Augustin en su libro *de Civitate Dei,* quando dize, que la ciudad de Babilonia (que se puede assi llamar el Atheismo) comiença del amor proprio, hasta el aborrecimiento de Dios: este amor proprio engendra la libertad, desobediencia, y rebeldia, que siguen los Libertinos. Y es tan gran abominación, que (como dize San Cypriano) perdonò Dios el adulterio y homicidio de David, mas a Dathan y Abiron (porque quisieron seguir su proprio parecer) se abrio la tierra, y los tragò el infierno. Y hablando de los Libertinos en este modo pudiera escrivir dellos lo que refiere Lindano y Prateolo, y otros que han escrito contra hereges. Pero quiero seguir como principal Author, contra estos Atheistas a Juan Calvino, que pues los principales libertinos, como Quintino, David George, y otros que contarè, han nacido de su secta, conoce los bien y de rayz. Y assi escrive un libro contra los Libertinos de Brabante y de Holanda, y deste libro, y de otro que escrivio Pedro Vireto (tratando de los Ministros Libertinos) tendremos suficiente luz para entender quien sean, y mas particular de las relaciones, que me han traydo de Holanda, de la vida y doctrina de los Libertinos, que agora viven, llamados vulgarmente *Vrygeesten*, que quiere dezir, Espiritus libres. Y de algunos libros modernos de su secta, especialmente de uno en flamenco, que se intitula, *De invisibili Ecclesia*.

Antes de yr mas adelante, declararemos que sea libertad, de donde se dizen Libertinos. Es la libertad de tres maneras, la primera, librarse y salir de la sujecion y obediencia de sus Superiores, assi Eclesiasticos, como Seglares. La segunda, salir de la observancia de la Ley, y romper *el yugo divino, diziendo; no servirè.* La tercera seguir su proprio espiritu interior, sin quererse sujetar, ni admitir las declaraciones de la escritura, que dan los Doctores y la Iglesia, sino (siguiendo su parecer) declararla a su modo, y tener por palabra de Dios el concepto interior que les viniere. De aqui es, que ay tres generos de Libertinos que podemos llamar, Rebeldes, desobedientes, y seguidores de su proprio espiritu, que algunos llaman Puritanos, o por mejor dezir, tres cabeças de un solo Can Cerbero, que tantas almas lleva al infierno. Destos tres generos de libertad, la primera libertad contra los Principes, assi Eclesiasticos como temporales, (que propriamente se llama Rebeldia) en nuestros tiempos començo de Luthero, que por huyr del castigo, se rebelò contra el Papa. Y Thomas Muncero, leyendo en el libro *de Captivitate Babylonica,* lo que Luthero escrivio contra los dos mandamientos del Emperador, donde dixo, que no avia otro remedio, sino que (menospreciadas todas las leyes humanas el pueblo reyne, y ruegue a Dios, que los subditos no obedezcan a sus Magistrados) movio los animos de los rusticos de Alemania contra sus Principes, y en estas rebeliones murieron mas de cien mil rusticos, como refiere Sleydano en su historia. Esta rebeldia y desobediencia al Papa, ha ydo creciendo hasta agora en todos los hereges, y la rebeldia contra los Reyes, Principes y Señores ha llegado a tanto estremo, como se vee en los estados de Holanda, que como Atheistas, han salido con la libertad de Republica.

La segunda libertad es a las leyes, y por exemplo della, dirè lo que oy dia passa en los Marabutos de Berberia. Tuvieron estos principio de dos hijos de Haly, sobrino y successor de Mahoma, que se dieron en cierto tiempo a increybles abstinencias y asperezas de cuerpo; y viniendo un dia ante su Padre disfigurados, flacos, y en los huessos, dixoles el Padre, que (segun la ley de Mahoma su Tio) ya estavan libres de todas leyes, y podían cessar de hazer penitencia, y qualquiera cosa que hiziessen de alli adelante, seria santa y perfeta. Hallose presente un Moro llamado Marabutin, y escrivio un libro de la secta de los Marabutos, en que dize, que llegando una persona a cierto grado de perficion (que ellos imaginan se alcança con sus asperezas) esta libre de toda la ley, y qualquiera cosa que hiziere, sera santa. Y assi me contò quien lo vio por sus ojos, que llegando un Marabuto desta secta carnalmente, en una calle publica, delante de todo el mundo a una borrica, acudieron muchos Moros a tomar pelos della, para reliquias, como sanctificada por su Marabuto.

A la tercera libertad podemos llamar, libertad de sentido de escritura, que en estos nuestros tiempos ha crecido en algunos de Holanda, en tanta manera, que un Arnoldo Bernardo escrivio en unos versos, que toda la santidad consistia, en declarar cada uno la sagrada escritura, como su espiritu la entiende, sin hazer caso de todas las declaraciones que huvieran dado Calvino, Luthero, y todos los Doctores y Concilios Papistas &. Desta libertad, y tener por verdadera ley, la que cada uno se compusiere, haziendo burla de todas las demas, se ha seguido lo que me contò en Anveres el Padre Gouda, de la Compañia de Jesus (que contra los hereges es un nuevo Elias) y es: que de las rebueltas que ha avido entre los Calvinistas discipulos de Arimino, y de Gomar, y de muchas sectas nuevas de Anabaptistas, y Mennonistas nuevos, de pocos dias a esta parte se han levantado tantas y tan diferentes sectas destos hereges Libertinos, y se multiplican en tal numero cada dia, que ya no se puede arguyr ni tratar con ellos, ni contar sus diversos errores y opiniones: y assi yo no procediera mas adelante en esta doctrina de libertinos, si no me pareciera ser necesario declarar el origen y primera rayz de donde nacen, y aunque pudiera nombrar otras, quiero me yr a los primeros padres deste Atheismo, que son Lucifer, y la sobervia.

Quando engañò esta maldita serpiente de Lucifer a nuestra madre Eva, dixola, *¿porque os mandò Dios, que no comiessedes deste arbol? comed del, y sereys como Dios, que sabreys el bien y el mal.* Deste engaño nacio la vana curiosidad, de querer todos (aunque sean mugeres y hombres idiotas) escudriñar la razon de los mandamientos de sus Superiores, y de la obligacion que tienen a sus leyes, y de la sabiduria de Dios, contenida en la sagrada Escritura, y esto quiso dezir en aquel *Cur,* o porque. Desta curiosidad

con el engaño se siguio menospreciar el mandamiento de
Dios y quebrantalle, y de querer ser como Dios, y saber
el bien y el mal, que es lo sumo de la sobervia: de donde
nace la libertad de la escritura que estos profesan. Y aunque estas palabras del Demonio, fueron principio de todos
los pecados y errores del mundo, como este Atheismo de
los Libertinos es (a mi parecer) el mayor pecado, error, y
heregia de todas, propriamente la podemos llamar manantial desta heregia, y a su padre el demonio, y su madre la
sobervia.

Por sobervia, y queriendo poner su silla al lado de Dios,
y ser semejante al Altissimo cayò Lucifer del cielo; y con
ella desterrò nuestros primeros Padres del Parayso, y la
sobervia (segun S. Augustin) es la madre de todos los hereges: y assi en el libro *de Utilitate credendi* dize, que herege
es, el que movido por ganancia corporal, y principalmente por vana gloria y sobervia engendra, o sigue nuevas o
falsas opiniones. El glorioso S. Epiphanio dize, que todas
las heregias nacen de sobervia, vana gloria, locura, concupiscencia, malicia, embidia, y rancor contra los hermanos:
Lactancio Firmiano dize lo mismo.

Y porque lleguemos a mas particular, el Cardenal
Stanislao Hosio en el libro de las heregias de nuestro tiempo, y Lindano y Prateolo, y el herege Bulingero escriven
de uno destos Libertinos Atheistas, que assi le quiero llamar (aunque otros le llaman Lutherano) cuyo nombre fue
David George. Nacio este herege en Gante el año de 1501,
de una Madre natural de Delfte, y de George de Amsfordia,
cuyo officio fue Truhan, o representante. Y este David su
hijo (teniendo por oficio atizar hornos de vidrio) sin aver
estudiado, ni saber letra vinò a tan gran sobervia, que dezia

de si, Ser el tercer David, y el verdadero Messias prometido en la ley; y ser el hijo de Dios prophetizado por los Prophetas, y que estava lleno de Espiritu Santo: y que era el juez que avia de juzgar vivos y muertos el dia del juyzio: y que su doctrina era perfectissima, y las demas doctrinas de los Prophetas y Apostoles, (y aun del mismo Christo) eran imperfectas. Engañò este muchas mugercillas, que (dexando a sus maridos) se yvan tras el, enfrascadas en sus vicios sensuales, y engañadas con visiones y revelaciones, que dezia tenía del cielo; Engañò tambien mucha gente en Holanda y Zelanda, y vino a tratarse con tanta sobervia, grandeza y authoridad, como si fuera Emperador. Murio en Basilea donde le enterraron con gran pompa: mas despues cayendo en la cuenta de sus locuras, y engaños, le desenterraron, y quemaron los huessos, a instancia de Bulingero Lutherano, como el mismo Bullingero cuenta en su libro.

Deste creo nacieron los Atheistas libertinos de nuestro tiempo: y su sobervia me parece a la de aquel Psaphon de Syria (de quien escrive Hosio, en el libro de las ceremonias Ecclesiasticas) que tenia tanta gana de ser tenido por Dios, que comprò muchas aves, de las que imitan lengua humana, como Papagayos, Picaças, Cuervos, y Tordos, &. Y enseñavales a dezir, Gran Dios es Psaphon, despues soltavalas, y como por el campo dixessen estas aves las mismas palabras, y otras aves de su especie las deprendiessen, y dixessen tambien, quedò entre los de Lydia, que las oian el engaño de tener por Dios a Psaphon.

Semejante a esta sobervia y libertad ha avido antes de agora de otros muchos hereges, como los que llamaron Acephalos: de quien escrive Niceforo, que en tiempo del

Emperador Zenon, y Anastasio, començaron a blasphemar de los decretos del Concilio Calcedonense, por los años 494. publicando libertad de obediencia, conciencia, y espiritu: de donde nacieron inumerables sectas y heregias: que muchas dellas refiere Hosio en el libro de los impedimentos del matrimonio, y en el libro 3 contra Brenzio.

Y caeme en gracia lo que escrive Bergerio contra este Atheismo, (a que llama Sathanismo, y a estos Atheistas Sathanistas) porque dize, *Que en ellos cumple Satanas todos sus desseos;* Y assi como Luthero començo por desobediencia del Papa, y por essa causa nos llaman Papistas, a los que le obedescen: tiempo vendra (dize) que se quieran apartar de la obediencia del Emperador y de sus Reyes, y llamaran a los que los obedecieren Cesaristas, o, Registas. Esto es de Vergerio.

Dixe que pinto muy al vivo Calvino a estos Libertinos en el libro que escrivio contra ellos, donde entre otras muchas dize estas palabras. *En Brabante y Holanda ay muchos Atheistas y Libertinos, que en Francia llaman Quintinistas, por que tuvieron principio de un Sastre de Picardia, llamado Quintino y de un Coponio Insulano, que alli sembraron sus errores. Estos manan de los abominables desatinos y deleytes de los Cerdonistas, Manicheos, Marcionistas, y Gnosticos; Tienen por fundamento fingir y dissimular, y llamanse espirituales: porque dizen que tienen dentro de si al Espiritu Vivificante, que les haze libres de toda sujecion; y a los que no siguen su secta llaman carnales y puercos. En todas las sectas, assi de Catholicos como de Evangelicos se quieren mezclar, y dizen que todas son buenas, hazen burla de la letra de la sagrada escritura, y dizen que no estan obligados a ella, sino a seguir su espiritu vivificante. Dizen que no ay Angeles, ni pecan los hombres, sino que Dios es el autor de todos los males, y esto heredaron de Simon Mago; y dizen que Christo no es nuestro Redemptor, sino que es a quien hemos de ymitar, y que no murio, aunque fue opinion que si, que no ha de aver Resurreccion de muertos, y que no ay otro infierno sino el temor. Quitan el matrimonio, y la resurreccion de la carne, y dizen. Que quando el hombre muere, se buelve el alma a Dios, de cuya essencia fue criada.* Esto dize Calvino de los Libertinos. Y si se mira bien la doctrina que el enseñò, en muchas cosas destas concuerda con ellos.

De los mismos libertinos dize Pedro Vireto herege lo mismo que Calvino, y añade que son *gente fantastica, que su Christo es Satanas: y su virtud el vicio, y que dizen que no hay otro pecado, sino del que piensa que peca: y que el temor de Dios es su infierno, y el menosprecio del divino juyzio su gloria, &.*

Bulingero escriviendo contra los Anabaptistas, dize, que los Libertinos atribuyen el pecado de Cayn, Saul, y Judas a Dios, y que unos hazen a Dios espiritual, otros carnal y sensual, y algunos dellos dizen, *que Dios usara de misericordia al fin del mundo con los Demonios, y que se salvaran.* Todos estos pareceres de Calvino, Bulingero, y Bireto refieren Lindano y Prateolo, como se puede ver en sus libros, y ningun autor pudiera escrivir mejor dellos, que estos hereges sus padres y cabeças, pues que ninguno conosce mejor sus ovejas que su Pastor.

Pareceme esta heregia de los Atheistas Libertinos a una antigua de los Priscilianistas, a que dio principio un Español, Obispo de Avila, llamado Prisciliano en tiempo del Papa Syricio, y de Valentiniano Emperador, por los años de 388. (segun refiere Sigisberto en sus Chronicas.)

Este (como escriven San Isidoro, San Leon Papa, y San Augustin) de toda la sentina, abominacion, y cieno de los Gnosticos, y Manicheos, y de otros muchos hereges, compuso un abominable Atheismo de errores, tan nuevos y tan contra razon, que no se a que los comparar, sino a estos Libertinos. Condenavan las bodas. Dezian que los Prophetas eran locos, y que no supieron lo que escrivian. Quitavan el libre alvedrio, atribuyendo a las estrellas todas las acciones humanas. Confundian las tres personas de la Santissima Trinidad, y enseñaban semejantes errores. Que si entonces el Papa Sant Damaso, y Santo Ambrosio en Italia, y S. Martin con otros Obispos en un Concilio de Burdeos de Francia, y los Concilios primero de Toledo, y otro de Braga, y el Emperador Maximo no le condenaran, y hizieran quemar con muchos de sus discipulos, huviera inficionado este herege gran parte de la Christiandad.

Tan malos (y aun peores) son en nuestros tiempos muchos Atheistas de Holanda, especialmente Theodoro Cornat, Arnoldo Bernardi, Jacobo Scaderck, Henrrico Galli, Gaspar Coellart, Roberto Roberti, y otros muchos que agora viven. Este Cornat (que dizen ha poco que murio) mucho tiempo fue Calvinista, despues se hizo Anabaptista, y Mennonista: y entonces escrivio un libro Intitulado *Spiegel der Gerechticheyt.* Que quiere dezir, Espejo de justicia contra los Atheistas Libertinos, a quien el llama Malditos Battenborgenses. En este libro dize, que confundio a uno dellos, que se hazia llamar Dios, mas despues el Cornat vino a parar al mismo Atheismo, y escrivio contra los Calvinistas, de tal suerte, que los Ariministas que se apartaron de Calvino le vinieron a tomar por cabeça contra los Gomaristas; y en un combite que se hizo en

Leyda, vino a dezir, que el defenderia por verdaderas todas las opiniones que avia hasta entonces de Luthero y Calvino & y provaria que todas eran verdaderas y santas: y tambien probaria que eran malas y abominables. Y compuso un libro llamado *Cruythofk*, que quiere dezir, huerto de yervas, donde refuta todas las leyes y fees, assi la fee Catholica, como las de los hereges. Y dize que todos quantos libros ay en el mundo, se avian de quemar, y solo avian de quedar los suyos, y la Sagrada Escritura, (y escrivio muchos) y entre otros algunos en defensa de la fee Catholica Romana, pero estos son los peores y mas dañosos. Vino a tanta ceguedad, que dezia de si mesmo ser Dios: y como Dios dava oraculos desde una cueva obscura, donde se encerrò.

Si este Cornat da buena muestra, de quien sean los Libertinos, no menos la da Roberti; que siendo primero Anabaptista, cayò en el Atheismo, y escrivio contra los Anabaptistas. Tambien compuso en verso una cancion larga, donde llama a la Iglesia de los Anabaptistas, casa de Pestilencia, y a los Catolicos, Niños ignorantes, y assi va contra todos: la qual cancion es muy celebrada aora de muchos en Holanda, y especialmente de un Medico Ministro de Dordrecht gran Atheista, de quien despues diremos. De la misma manera han escrito Henrrico Gallo, y los demas que hemos nombrado, que no me quiero detener mas, porque es chaos y confusion, leer lo que unos dellos escriven contra otros: mas todos convienen en dezir que aquella es la verdadera ley, que a cada uno le viene a su espiritu, y aquella es la verdadera escritura sagrada, que cada uno interpreta segun su juyzio.

Y aun hasta las mugerzillas desta secta andan con la Biblia en la mano, y lo que no entienden, dizen que piden a Dios que les de luz, y que se lo declare, y dizen que no se la negara, y esso tienen por fee, y todas las demas leyes y fees condenan por falsas y engañosas. Qual devia de ser un libro, que uno desta seta compuso Intitulado. De los tres engañadores del mundo, Moysen, Christo, y Mahoma, que no se le dexaron Imprimir en Alemania el año passado de 1610. y aunque muchos destos Libertinos niegan todas las leyes, otros muchos ay que por el contrario afirman que todas son verdaderas y Sanctas, y en qualquiera se puede uno salvar, y assi permiten los Holandeses segun esta libertad Iglesias de muchas sectas hasta Synagoga de Judios, que de poco tiempo aca se ha poblado. Solamente no permiten Iglesia de Catholicos, ni Misa, ni exercicio de la Romana Religion. Y preguntándoles porque no la admiten? responden, que no es porque la tengan por falsa y mala, sino por razon de estado: que si la permitiessen, muchos la seguirian, y tienen a los Catholicos por amigos del Rey de España, y que les podria venir de aqui daño y menoscabo. o miserable tiempo, desventurado estado, y abominable Atheismo! quien nunca pensara, que avian de llegar los hombres a tan increyble ceguedad, que no solamente vengan a dezir (como dize el Señor, que diran muchos al fin del mundo) aqui esta Christo, o alli esta Christo, sino tambien que lleguen a dezir, yo soy Christo, yo soy Dios &. el Señor lo remedie por quien es, y nos de lagrymas, como las de Rachel, *para sin consuelo ninguno llorar los hijos que eran de la Iglesia, y aora no tienen ser, mas que bestias.*

LAMENTACION QUINTA

De los Atheistas Spirituales, assi antiguos, quales eran las
Phitonisas, Essenos y Saduceos, Falsos Prophetas, Messalianos,
Begardos, y Beginas, Alumbrados y Dexados: como de los per-
fectistas modernos de nuestros tiempos; y de algunos Catholicos
de mal spiritu, que dan ocasion a muchos errores.

La Zicuta (como escriven los Naturales) es ponçoña y
veneno mortifero, tan abominable y pestilencial (por ser
sumamente fria) que mata a quien la beve, y no tiene
otro antidoto y remedio, sino el vino: que (ocupando el
coraçon con su calor) resiste a la malicia deste tosigo. Mas
quando se beve la Zicuta mezclada con vino, es de todo
punto mal irremediable. Porque el mismo vino, que la avia
de estorvar è impedir, la lleva y mete dentro el coraçon. El
Atheismo (por la suma frialdad con que aparta de Dios) no
tiene otro remedio, sino la oracion, devocion, y espiritu:
mas quando se mezcla con el espiritu, y debaxo de titulo
de oracion y perficion, le da el demonio a bever, no se
que remedio tenga. Que aunque parece que los Atheistas
Libertinos, de quien arriba lloravamos, eran los peores de

todos, tengo por mas dañosa esta secta de los Atheistas Espirituales, de que agora quiero tratar, llorandola con el llanto de Iazer (como llorava Esaias la viña de Sabama:) que en Hebreo este nombre *(Sabama)* quiere dezir, *tollens excelsum*; lo que quita la cumbre, que es la verdadera perfecion. Y para proceder con mas claridad, me parece sera a proposito declarar el numero destos Atheistas espirituales con el numero de aquellos siete espiritus, que lleva consigo, *el espiritu malo quando entra en la casa barrida con escobas, y bazia,* de que habla Christo Jesu por San Matheo, y assi contare (entre otros muchos que ay) siete maneras de mal espiritu a quien siguen estos hereges espirituales.

La primera las Phitonisas y otras mugeres arrepticias, y sacerdotes de Idolos, que antiguamente davan los oraculos, y respuestas en tiempo de la gentilidad. La segunda los hereges llamados Essenos, que poco antes de la venida de Christo avia en el pueblo de Israel. La tercera los Messalianos y sus consortes. La 4. los Begardos y Beghinas. La 5. los que llaman alumbrados y dexados. La 6. los Christianos de mal espiritu y engañados con illusiones. La septima y ultima, los nuevos Anabaptistas, que aora se llaman Perfectos, de que ay abundancia en nuestros tiempos, y son los Atheistas Espirituales, de que principalmente-tratare en esta lamentacion. Todos estos siete malos espiritus entran en el alma vazia de virtudes, por siete puertas principales. La primera, curiosidad vana: la segunda, libertad dañosa: la tercera, visiones y revelaciones falsas: la quarta, union extasis y raptos engañosos: la quinta, sensualidad disfraçada: la sexta heregias y errores encubiertos con capa de perfecion: la septima, silencio perjudicial. Destas puertas del Atheismo diremos despues mas en particular, vamos aora tratando de cada uno destos engañosos espiritus, para venir a entender los que agora se usan en Holanda.

Ante todas cosas, porque los conozcamos por sus nombres propios, llamanse Perfectistas, o Perfectos: porque se precian de estar en estado de perficion. Tambien se llaman _Volcommen,_ como quien dize que han venido a lo mas alto, y a la cumbre y plenitud de todo bien: dizense _De gheheylighe Godts,_ que quiere dezir, santificados de Dios, o _Oprechte Christenen,_ verdaderos Christianos: y ellos llaman Antichristos, a los que no siguen su opinion, llamanse sinceros, y a los demas tienen por engañosos, engañados y doblados. Finalmente se llaman espirituales, porque dizen, que siguen espiritu, y que en ellos mora el Espiritu Santo vivificante.

Hame costado mucho trabajo buscar las vidas y costumbres de algunos dellos, y los libros que han escrito. Y assi me han embiado relacion de Arent Bares, Henrico Hanser, Jacobo Schader y un su compañero llamado Demlofyter, y de un Medico principal ministro dello en Dordrecht, de un marinero, y de otro que hazia agua ardiente en Amsterdam, y un sastre de Middelbourg. Hanme escrito de las costumbres destos malos hombres, y hanme dado relacion, y he visto algunos libros que han compuesto, y los mas dellos sin nombre de author. Como un libro que se intitula _de la Iglesia visible,_ otro _del verdadero Messias,_ otro, de la confession de la verdadera fee, otro intitulado, _Thesoro de Jardines,_ y otro _Thiel Hiel,_ como quien dize, mociones o inspiraciones divinas, otro intitulado _Campana,_ que llama apagar fuego, y los libros que escrivio Loy de Schalledecker, uno de su doctrina, y otro sobre el Pater noster, y otro muy grande de espiritu, que compuso David George, otro que escrivio un Cirujano en loor del verdadero Messias, otro intitulado el *Autor Catholico,* y otro de Emblemas y pinturas de la Biblia, declaradas por Henrico Hansser. Y tambien me ha sido necesario rebolver algunos libros de espiritu, que han compuesto algunos que son tenidos por Catholicos, como el libro de la Theologia Germanica, el libro intitulado *Regula perfectionis,* Regla de la perficion, compuesto en Frances, y despues traduzido en Latin, cuyo autor es F. Benedicto Anglo de Canfeld Capuchino, principalmente en la tercera parte que escrive de la union essencial: y he leydo otro que se llama, *Palacio del divino amor,* que compuso otro Capuchino, cuyo nombre es Fray Lorenzo de Paris, y semejantes libros de Espiritu, y de todos ellos coligirè, quien sean estos Atheistas Espirituales, sus errores, ilusiones y engaños, cotejando los modernos hereges con los antiguos.

De las Phitonisas, Oraculos, Nigromanticos, Brujas, Astrologos y Hechizeras

Quiero començar por las Phitonissas, (de quien escrive muy a la larga Philastrio Obispo Brixiense.) Fue Phitonisa la que hizo aparescerse el alma de Samuel o algun otro spiritu en su figura (como se dize en el primero libro de los Reyes) para Prophetizar la muerte del Rey Saul, o la que S. Pablo libro del espiritu maligno (como se lee en los actos de los Apostoles.) Estas tenian dentro de si al Demonio, y por su boca hablavan; y como es espiritu de mentira, y engaño, sus respuestas y oraculos quasi siempre eran dudosos, amphibilogicos, y para engañar. Y si alguna vez dezian verdades, era (como dize San Augustin) para mayor mal, y por oculto juyzio de Dios, para daño de los hombres malos, que las creian: porque hablava en ellas el espiritu de Sathanas, que (como se lee en el tercer libro de los Reyes) se puso en la boca de los falsos Prophetas, para engañar (por permission divina) al Rey Achab, y persuadirle que se perdiesse (como se perdio) en la jornada de Ramod Galaat.

Muchas cosas pudiera escrivir, de lo que los Gentiles refieren de sus oraculos, y sacerdotes de los Idolos, y el modo con que adevinavan, y davan sus respuestas que vienen a proposito deste Atheismo de las Phitonisas, como las que refiere Claudio Ptolomeo, en un tratado que llama _Carpos,_ que quiere dezir Fruto, y lo que se colige de Ciceron en su libro _de Divinatione,_ y de lo que escrivio Plutarco en el libro, que intitula, que los Oraculos Delphicos no se avian de escrivir en versos, y otro que intitula _de Oraculis,_ mas no ay para que detenerme en esto, ni en contar lo que dize: Dion de Appollonio Thioneo, que le haze maestro de todas estas hablas con el Demonio, ni lo que Pausanias escrive en sus Beoticos de las sciencias sagradas, que llamavan Eleusinas, y Samotracias Orgias, y de los Cameros, y de Hecates, y sus respuestas. Muchas destas profecias refieren Homero, Virgilio, Horacio, Plinio, y otros authores, y cuentan los lugares de los Oraculos antiguos de los Dioses, donde se davan estas respuestas, y las invenciones que hazian para ellas. Lea (quien quisiere saber mucho desto) un libro intitulado _Comentario de los generos de divinacion:_ que para mi proposito, bastame dezir, que todo esto era mal espiritu, illusiones y engaños del Demonio. Tambien lo son las de los Nigromanticos, y de muchos Astrologos Judiciarios, que se meten en adevinar lo que ha de venir por el conocimiento de las estrellas, aunque sean futuros contingentes, o sucesos que penden de la divina providencia. Y tambien lo de las Bruxas, y hechizeras, o qualquier otra gente que tenga hecho pacto explicito, o implicito con el Demonio, y otros muchos, que siguen supersticiones, o vanas curiosidades para adevinar. Porque de todo esto ay muchos libros escritos, y en nuestros tiempos se veen abundancia de Bruxas, y hechizeras en Alemania, Flandes, en Francia, y en Navarra (como las que poco ha castigo la Inquisicion de Calahorra,) y seria nunca acabar si de cada manera deste mal espiritu se huviese de escrivir, proseguire, a la segunda manera de mal spiritu.

De los falsos Prophetas

En tiempo de Christo avia falsos Prophetas, pues que el dize por San Matheo. *Guardaos de los falsos Prophetas, que vienen a vosotros con vestiduras de ovejas, y en lo interior son lobos robadores;* y antes que su divina Magestad naciesse del vientre de la Virgen Maria, dize el Apostol San Pedro, *que huvo Pseudoprophetas en el pueblo, maestros de mentira, &.* Y dellos refiere otras muchas cosas, de los quales dize el Propheta Hieremias, *que con falsedad prophetizavan en nombre de Dios, porque el no los embiò, ni les hablò, y* assi su prophecia era engañosa, y salia de su coraçon. Lo mismo dize en el capítulo 23. y añade *que hurtan las palabras de Dios,* porque (como declara San Geronymo sobre este lugar) dizen. *Esto dize Dios,* vi al Señor. Esta es palabra de Dios en mi, y semejantes maneras de hablar que tenian los verdaderos Prophetas. Pero era muy al reves dellos. Porque los verdaderos quasi siempre amenazavan con castigos, persuadiendo al pueblo que hiziese penitencia, y a seguir aspereza, exercitar virtudes, y a vivir bien: pero estos falsos Prophetas (como dize el Señor por el mismo Hieremias) *curavan los heridos de mi pueblo diziendo con ignominia Paz, paz, y no avia paz,* y anunciavan buenos sucesos. Y (como dize Ezechiel) *cosian almohadillas blandas,* debaxo de los codos, y ponian cabeçeras debaxo de las cabeças para engañar almas. No faltan en estos tiempos miserables (como escrive Osio al Emperador Segismundo) muchos destos falsos Prophetas, arrogantes, soberbios, engañosos, que engañan sensualidad, profetizan prosperidad, y hurtan las palabras de Dios, leyendo en mal sentido, con malos intentos y gran daño de las conciencias la sagrada escritura: mas dexemos los y vamos al tercer mal spiritu.

De los Essenos y Saduceos
Poco antes de la venida de Christo al mundo en el pueblo de Israel (de mas de las Idolatrias) entraron heregias diversas, y entre otras fue la de los Esseos y Saduceos. Esseos quiere dezir Obradores de bien. Estos eran Religiosos, abstenianse de vestiduras galanas, y manjares delicados; vivian apartados de los otros como mas Santos, y no esperavan al Messias como a Dios, sino como a un Propheta justo: toda su Santidad era fingida, y engañosa peor que la de los Phariseos; pues negavan el Messias ser Dios.

Los Saduceos (segun refiere Egesipo) era una de las tres sectas de los Judios, y dizense Saduceos (como refiere Philiastro) de Sadoc, que fue discipulo de un herege llamado Dositheo; o (segun refiere Carion) de Zadic, que quiere dezir Sancto: porque ellos se tenian por Sanctos y perfetos. Los quales (demas de negar la resurrecion de los muertos, y vivir vida Epicurea) interpretavan la sagrada escritura a

su voluntad, y encubrian sus maldades con fingida sancti-
monia, como tambien lo hazian los Essenos.

De los Messalianos

En tiempo del Emperador Valente, y del Papa San
Damaso, año de 380. nacio en la Iglesia de Dios la secta
de los Messalianos, que por otro nombre se llamavan
Euchytas, que quiere dezir Rezadores o Oradores, y hombres de oracion, y tambien Enthusiatas, que quiere decir
divinos, o alumbrados con divino espiritu. Y (como se
colige de Nycephoro) dezian que esperavan al Espiritu S.º
que les alumbrasse. Y entre otras heregias afirmavan, que
ni en el Baptismo, ni en la Eucharistia avia virtud de sanctificar, sino solamente en la oracion mental, laqual expelia
del alma al Demonio, y hazia que viniesse el Espiritu
Santo, que les alumbrava, y obrava en ellos. Y assi (como
dize Theodoreto y San Augustin) solo se davan a la oracion
mental, quitando los Sacramentos y obras de manos, y
dezian, que quando veian venir al Espiritu Santo, queda-
van libres de todos los movimientos de las passiones, y de
toda mala voluntad: y que no tenían necesidad de ayuno,
ni mortificaciones. Entre estos los principales se llamaron
Adelphio, Dadoes, Sabas, Hermas, y Simeonis. Cuenta
deste Adelphio Nicephoro, y Theodoreto, que (como sus
discipulos profesassen, no declarar por ningun caso su
Espiritu a nadie sino encubrille callando) el Santo Obispo
de Antiochia Flaviano los descubrio por esta industria.
Que llamo a Adelphio y hablándole con palabras muy
blandas, le dixo: *Mira Adelphio estos tus discipulos, (como
mancebos) no saben declarar, en que consiste la perficion del
alma, yo que soy ya de edad, como tu, querria ser perfecto,*

dimelo que hare para serlo. Entonces el Adelphio se declaro, y el Santo Obispo descubrio aquella llaga, y castigo los culpados. Tambien (como cuenta el mismo Nicephoro) dezian que tenian visiones, y revelaciones; y hechavan se a dormir, diziendo ser extasis y raptos. Al fin todo su negocio ponian en la oracion mental, diciendo que esta sola bastava, y que en ella sabian en Espiritu Prophetico lo por venir; y con sus ojos vian la Santissima Trinidad. Hizo tanto daño este error, que el Santo Letoyo Obispo Militinense, hizo quemar muchos monasterios de Frayles, que le siguian, y tambien Amphiloquio Obispo Lycaonese los destruyò en su tierra.

En nuestros tiempos (cuenta Lindano) que avia hereges que siguiendo esta secta antigua, se echavan en el suelo, como si tuvieran extasis, haziendo muchos visages, y temblando todo el cuerpo, y contavan muchas visiones y revelaciones. Uno dixo, que avia visto a Zuinglio en la otra vida, y le avia revelado que seria presto el dia del Juyzio, y assi andavan dando vozes, _dies Domini, dies Domini._ Y (como refiere Bulingero) a otro se le revelò que matasse a su mesmo Padre, y a un hermano suyo, y assi lo hizo, diziendo, que los avia muerto por el mandamiento de Dios. Otro llamado Thomas Schykero descabeço un hermano suyo en presencia de sus mesmos Padres, y de mucha gente, diziendo tambien, que Dios se lo mandava. Este fruto trae la falsa oracion, falso espiritu, y mentirosas revelaciones.

De los Begardos y Veguinas
En Alemania la baxa, por los años de 1314. siendo Emperador Luis de Baviera, y Papa Juan XXII. vivieron los

hereges llamados Begardos y Beghinas, o Frayles de vida pobre, o Besochi; Estos (como llora Alfaro en su libro del planto de la Iglesia) andavan metidos dentro de unas grandes capillas. En la Iglesia se sentavan en el suelo, buelta la cara a la pared: no levantavan los ojos al cielo, y dezian, que en esta vida puede el hombre alcançar la bienaventurança; y llegar a tal grado de perficion, que no se puede yr mas adelante; y que no tienen que obedecer a ningun hombre criado, ni guardar ayunos de la Iglesia: porque llegan a estado que ya son impecables, y que no ay para que adorar el Santissimo Sacramento: y que es imperfecion exercitarse en obras de virtud, quando han llegado a este estado: y (lo que mas es de reyr) afirmavan no ser pecado ninguno mezclarse con mugeres, de qualquier estado que sean, pues inclina la carne a ello, pero que es gran pecado besarlas: pues no es inclinacion natural. Llamalos a estos Francisco de Zarabelis Acephalos, y sin cabeça, por esta ocasion, de no se sujetar a obediencia ninguna: semejantes a unos nuevos Anabaptistas (de quien despues diremos) que con titulo de perficion, se dan a la embriaguez, y vicios sensuales.

De los Alumbrados y Dexados

Avra algunos años passados, que en España se levantaron unos hereges que se llamavan Alumbrados y dexados, porque dezian que les alumbrava Dios desde el Cielo, y dava luz en sus particulares espiritus, de lo que avian de hazer: y que no avian de hazer obras, dexandose del todo en las manos de Dios, y por eso los llamavan, Dexados, y tambien por que se dexavan caer, diziendo, que tenian extasis y raptos. Estos (siguiendo quasi la misma heregia de los de arriba) ponian todo su negocio en la oracion mental: diziendo mal de la vocal, y de hazer buenas obras. Dezian, que veian en esta vida la divina Essencia. Que estavan en estado de perficion, y semejantes heregias. Contome, avra mas de 30. años, un buen viejo de noventa, llamado el Tio Antonio Ximenez, (que yo confessava en Pastrana,) que conocio a un su Tio, llamado Juan Ximenez de Pedro Corona: el qual le contò, que vinieron de Guadalaxara a Pastrana un Clerigo, y ciertas mugeres, sembrando la secta de los Alumbrados por muchos lugares de la Mancha. Y acaecio, que estando un dia de fiesta en Missa Mayor estos, y muchos otros discipulos que ya tenian, al tiempo de levantar el Santissimo Sacramento, ponian la boca en el suelo, y aullavan y temblavan. Este Juan Ximenez (no lo pudiendo sufrir) echò mano del hisopo del agua bendita (que en aquella tierra es un razonable garrote) y començò a darles en las cabeças, con que descalabrò algunos, diziendo, *levantad en hora mala los ojos, mirad y adorad al Santissimo Sacramento, y no esteis aullando como bestias.*

Desta raça huvo muchos, que en Erena (pueblo de Estremadura en España) engañaron personas contemplativas, y de espiritu peligroso, amigos de novedades, y de extraordinarios affectos de oracion: a los quales el Santo Officio de España castigò, avrà quarenta años.

Y avrà veynticinco años, que el Obispo de Jaen Don Francisco Sarmiento, me embiò a llamar a mi, para examinar algunas Beatas, que se parecian a estos, y tenian por perficion, padecer accesso carnal con el demonio, siendo sucubas, porque dezian que les hazia fuerça, sin que ellas consintiessen, y salian de juyzio, quedando como locas, y arrepticias, hasta que por fuerça las abrian la boca, y les metian el Santissimo Sacramento, siendo principal author desta novedad de Alumbrados un Cura de una Parochia de Jaen, llamado Gaspar Lucas.

Examinè muy de espacio muchas dellas, y escrivi contra este abuso un libro, que intitulo, *Higuera loca*. Di parte dello a la Inquisicion de Cordova, determinaron ser error, llamar perficion a tan abominable torpeza, como es el sucubito: y ser irreverencia al Santissimo Sacramento de Eucharistia darle desta manera a estas locas. Castigaron al Gaspar Lucas, y a otros semejantes.

Atheistas spirituales, o Perfectistas

Todo esto que he dicho de las Phitonissas, Messalianos, Bogardos, y Beghinas, y Alumbrados, ha sido necesario para entrar en el Atheismo que agora reyna en Alemania y Holanda, de unos nuevos hereges Anabaptistas, que aunque no rebautizan, como los Anabaptistas antiguos, quiero los bautizar con este nombre de Atheistas Espirituales, y dezir algunas de las muchas cosas que dellos he leydo en libros modernos, y sabido por relaciones, que me han embiado de Holanda, y he oydo por mis oydos de personas, que han estado engañadas en este Atheismo. Prateolo escrive de los Atheistas Espirituales, y refiere a Lindano. Pero ay otros authores muy mas nuevos que Prateolo, que cuentan mas por extenso lo que agora passa, como un libro en Flamenco intitulado, *Historia de la Iglesia heretica, llamada la Esposa suzia y puerca*, y otro que se intitula *Postillon*, y almohaza de la borrica emascarada, y otro intitulado, *nuevas del Coloquio, que passo entre el Diablo, y tres notables personas*, conviene a saber, Luthero, Calvino, y un Anabaptista.

Estos tres libritos se entiende ser compuestos por personas pias y zelosas: pero van disfraçados los nombres del Author, y del pueblo, adonde se imprimieron. Tambien escrivio un Padre Franciscano, llamado Arnoldo ab Ixcha, en un libro de los cinco sermones Catholicos, lo que pasa agora en Holanda destos Atheistas spirituales. Y en Dordrecht dixo dellos un Doctor Cornelio Catholico que alla estava.

Tengo una larga relacion de mano escrita, por Juan Reynero, que ha pocos dias, vino de Holanda, y alla ha disputado mucho contra estos hereges, y las particularidades de su Atheismo escrivio desde Gante al Padre Antonio Sutquet en una Carta fecha a los diez y nueve de junio, deste año mil y seys cientos y honze. Y demas desto he examinado en Anveres algunas personas, que saben bien lo que ay destos Atheistas, especialmente una muy sierva de Dios, y de muy buen Espiritu, que aviendo sido engañada en esta heregia, se reduxo y convirtio a la Santa fee Catholica, y como testiga de vista, y que estuvo diez y ocho años en aquel error, me conto muchas particularidades. Esta sierva de Dios desseava sumamente ser perfecta, y spiritual, y como via, que las mugeres Catholicas no tratavan de otra cosa sino de labores, galas, galanes, o scevidores y festines, &. Y las mugeres hereges hablavan de cosas de spiritu y oracion, y declaravan la Biblia, dexo la fee Catholica, y siguio este Atheismo hasta que Dios la dio luz. Tambien vino el año passado de Alemania a la Villa de Anveres un hombre, que fue mucho tiempo Ministro de los nuevos Anabaptistas, que agora se llaman *Pufillus grex,* y son desta secta, y ha predicado muchos años en Alemania, y en las Indias, y agora movido de Dios, se vino a convertir, que dize cosas estupendas de aquellos hereges.

De todos estos estoy informado, que los principales ministros que agora viven, le llaman Arent Barens, Arnoldus Bernardi, un M. Pedro Zirujano, y un medico Ministro de Dordrecht, (dexo de nombrar Henrico Galo, y otros, de quien hize mencion en la lamentacion passada de los Libertinos, que tambien los mas dellos son Perfectistas, o Atheistas espirituales.)

Sus costumbres (quasi de ordinario) son como las de los demas hereges Atheistas: porque (por la mayor parte) son sensuales, hypocritas, blasphemos, libertinos, habladores, soberbios, mofadores de todas las demas sectas, hinchados, y arrogantes: diziendo, que ellos solos siguen y alcançan perfecion. Andan modestamente vestidos, diziendo mal de las galas, hablan afeminadamente: y de lo que mas se precian, es de leer libros espirituales, y escribir libros de espiritu, con un estilo tan obscuro, y engañoso, que pareciendo que dizen cosas muy altas, contienen abominaciones del infierno. Y por causa de los ministros a quien siguen, o de la aparencia de virtud que profesan, se ponen diversos nombres. En Holanda se llaman unos Arentbaristas, otros Arnoldistas: porque son discipulos de Arentbares, o de Arnoldo Bernardo, tambien se llaman Abecedarios, porque Arentbares, o Arnoldo Bernardi, comiençan sus nombres de A. y B. En Alemania se hazen llamar *Pufillus Grex,* porque dizen que profesan mucha humildad. Levantanse estos de Alemania por la mañana a la oracion mental: ponense luego a su trabajo de manos hasta hora de comer: comen en comun Refectorio, todos los casados de una ciudad, que acaesce ser mill en una mesa, las mugeres casadas a parte, y tambien a parte las donzellas, y los mancebos: y todo lo que ganan, tienen en arca comun, y hazen limosnas a todos quantos se las piden, de qualquier Religion que sean, y tienen tanta obediencia a su superior, que no se casan sin su expresa voluntad. Y si a caso alguno dize que se quiere casar con una muger, preguntale el superior, si la tiene afficion, y si dize que si, por la misma razon le manda que se case con otra, porque ya dize que tuvo con aquella concupiscencia carnal.

Los Arnoldistas de Holanda por la mayor parte son ignorantissimos, que aun no saben Latin; y hablan como Papagayos lo que les viene a la boca. Dizen que no se ha de estudiar Rhetorica, ni Dialectica, ni otras artes liberales, por que las tienen por vanas: y si les pregunta algo de su ley, quien les paresce que sabe, no quieren responder: haziendose de los muy humildes, y por otra parte professan, que todos han de leer y saber declarar la Biblia para salvarse. Y assi contò un siervo de Dios llamado el Doctor Cornelio (como escrivio Juan Reyner) que conocio una donzella muy ignorante, que no sabia leer, y aviendose casado con uno desta secta, la hallò luego con una Biblia en la mano, declarando la Sagrada escritura: y como este Doctor Cornelio la reprehendiese, le dixo ella que no podia dexar de leer la Biblia, y declararla, porque seguia la fee de su marido. A los que se apartan de su secta, o dizen algo contra su opinion descomulgan, y aquellos descomulgados, luego van a buscar otra secta. Si les preguntan a quien siguen, unos dizen, que a Mennon, y otros que a Arnoldo Bernardo &. pero uno llamado Jacobus Schadefchd, (preguntandole a quien seguia, o de que Iglesia era) respondio que era heregia llamar a nadie Lutherano, Calvinista, Arnoldista, ni Arem-Barista, &. sino que todos se han de llamar Christianos: porque siguen la doctrina de Christo.

Quando oyen la predica, dan grandes gemidos y sollozos, mostrandose muy enternecidos; hablan muy melosa, blanda, y afeminadamente, mostrandose muy espirituales. Profesan de no mentir ni jurar, ni engañar a nadie por ningun caso. Y vendiendo uno dellos (que era mercader) ciertas baras de sedas, dixo al que se las mercava, que le diesse tal precio por cada una (verbi gratia, XX. reales) y aviendoselo dado: despues de aver cortado la pieça, y cobrado el dinero, diole debalde tres o quatro baras mas, y preguntando el mercante, porque le dava de gracia aquella seda? respondio que las baras que le avia vendido, no valian a tanto precio, como el avia llevado: pero que por poder dezir con verdad, sin engañar a nadie, ni jurar que avia vendido la bara a veynte, como el se las dio, le dava aquellas demas. Esta es su sinceridad de que se precian mucho, no van a las tabernas publicas, por mostrarse abstinentes: pero emborrachanse en sus casas a puerta cerrada. Escandalizose mucho un Sastre desta secta: porque vio que un vezino suyo olia un ramillete de flores, y porque otro le dixo, que avia ydo a una Comedia, y por otra parte era este Sastre muy deshonesto, diziendo, no ser malo, dormir con una muger, qualquiera que fuesse, y que el no tenia concupiscencia carnal, que aunque viesse una muger desnuda, no le podia venir ni un mal pensamiento. Guardanse mucho de no descubrir su espiritu, y lo que sienten de su fee, y assi dezia Jacobus Chader, *que no se avian de echar las Margaritas delante los puercos.* No guardan fiestas, no admitten Sacramentos, ni aun las ceremonias de las otras sectas hereticas, sino es fingidamente, por cumplir con el pueblo. Dizen que aora comença en ellos el siglo dorado, y viene el tiempo de una gran paz, quando se acabara la succession de la casa de Austria, y que quando dixo Dios a Elias. _Dexado he para mi siete mill escogidos_, (aunque Elias no les conoscia por estar encubiertos) hablo por ellos: que aunque no los conoscen en el mundo, siguiendo muchos a Luthero, Calvino, y Menon, o siendo Papistas. &. ellos son estos justos encubiertos que no han doblado su rodilla ante Baal.

Las heregias destos Atheistas espirituales son muchas, que (como descienden de Calvinistas, Anabaptistas, y Lutheranos) siguen muchos de sus errores, que no ay para que particularizarlos. Lo que particularmente professan es, que sola la oracion mental es la que salva, todas las demas cosas son impertinentes. Que todos se pueden salvar en la fee que profesan, qualquiera que sea aunque sean Moros, y Turcos, &. como tengan oracion; Que los Predicadores no han de leer mas de la Biblia, y ponerse en oracion, predicando lo que Dios sobre ella les declarare. Porque lo de mas es hazer como la Cigueña, que come Sapos y Culebras, &. Y despues lo va a vomitar a sus hijos en el nido: y que assi hazen los que leen Doctores sagrados, y van a predicar la doctrina, que alli estudian a sus disci-pulos, Desto pinto una tabla Gaspar Collar pintor, que primero fue Anabaptista, y despues se hizo desta secta. Dezia un marinero en Amsterdam, que el sabia interpretar las Ebdomadas de Daniel: y sabia el año en que avia de ser el juyzio final. Dizen que aquella es la verdadera ley, que a cada uno le viene en la oracion, y que los de su secta son tan perfectos, que ni tienen passiones, ni malos pensamientos. Dizen que los que se dan a la oracion, no solamente tienen el espiritu de Dios, y de Christo, sino que se buelven en Dios y en Christo. Dizen que no se ha de creer, sino lo que se puede saber, y alcançar. Y assi porque la Santa Trinidad es incomprehensible, por lo mismo dizen que es imposible. Que Dios tiene cuerpo de hombre. Y que si supiera que avia de pecar Adam, fuera necio si le criara. Que las animas y los Angeles tienen miembros de carne como los hombres. Que Christo padecio segun ambas naturalezas; y que Christo antes que encarnasse, era pequeño, y despues que encarnò se hizo grande. Que Enoch, Elias fueron derechos al cielo, y que no al Parayso terrenal. Que la ley de Dios falto luego desde el tiempo de los Apostoles. Que no se ha de castigar ningun pecado, sino perdonar a todos, pues que Christo perdonò a la adultera, Que el nefando no es pecado mortal, ni otro torpe sino solo el adulterio, por el agravio que se haze al marido. Que no ay Santo ninguno despues de los Apostoles. Que el alma es mortal, como el cuerpo. Que el Baptismo es un fortissimo espiritu de oracion, con que el alma se justifica, y que no hay otro Baptismo. Que ningun milagro ay verdadero, sino el que se hiziere en confirmacion de su doctrina. Que todas las Biblias estan corruptas, sino sola la suya. Que ninguno se ha de llamar Maestro ni Señor, y que los Magistrados seglares no los da Dios a los buenos, sino a los Anti-christos y hereges. Cuentan de si muchas revelaciones; y dizen que el mundo es ab eterno, y no fue criado. Que lo que se dize de la passion de Christo, se ha de entender alegoricamente mas que Christo no padescio. Y porque son inumerables sus errores, y de gran confusion; concluyo con dezir en lo que todos estos nuevos Anabaptistas y Perfectistas convienen que es afirmar, que aquella es la verdadera fee, que Dios les da a ellos en el coraçon, y ellos solos tienen la verdadera pureza, luz y vida de Dios. Y assi por enigma y emblema desto, pintan un coraçon, y dentro este nombre de *Emanuel,* y un ramo de Azucenas, que dizen significar la pureza, y dos manos asidas, que significan la fee, con una letra en medio en Flamenco, que dize, *Liefde ver wint,* que quiere dezir, *Amor vence,* con estos versos Latinos y Flamencos.

Mens, animusque Dei cordis sunt intima nostri
Indolis, & probitas Lilia pulchra refert.
Nostra fides, tum castus amor, tum nobile verum
Sunt lux, splendor ovans, vivaque vita Dei.

Y en Flamenco.

Ons herte is Godis ght moet
Ons wefen lieflijck als een Lelie zoet
Onfe trouwe /liefde en waerhent
Is Godts licht/leuen ende claerhent

Que quiere dezir.

En nuestro coraçon està la mente, y el animo de Dios: y nuestra bondad y pureza, son hermosas como las azucenas, nuestra fee es amor y verdad, luz, resplandor y vida de Dios, &. Otras muchas cosas pudiera dezir destos Perfectistas, en que convienen con la mala doctrina spiritual de que aora dire, y dexolas por no ser prolixo.

De la mala doctrina spiritual de la perfecion
que enseñan algunos Catholicos

He visto algunos libros escritos en Latin, Italiano, y Español, y de otros escritos en Flamenco y Frances, me han declarado muchas cosas de cierta doctrina espiritual, que no me paresce buena, ni segura, y tambien me han dado relacion de personas que la siguen, que tratan de espiritu, aunque dizen que son compuestos por hombres Catholicos, y espirituales, y contienen muchas cosas muy buenas de oracion y espiritu, y muy provechosas para las almas, mas ciertas proposiciones y reglas que enseñan son muy obscuras, difficultosas, y peligrosas: y de donde algunos se han engañado, y caydo en errores. Y porque seria muy largo, si refiriese aqui todos los capitulos, y palabras, que estos libros y authores dizen acerca de la perficion (de donde nascen los errores que dirè) quiero recopilar de todos, assi libros, como relaciones de personas espirituales, que me han dado escritas de mano, esta definicion que ponen de la vida perfecta.

Perficion es Union, Essencial, Immediata, Passiva, Momentanea Caliginosa, y Oculta, con total Aniquilacion, Suspension, Revelaciones y Gustos espirituales del alma, en el Amor fruitivo.

Esta manera de declarar la perficion, es obscura, porque estos terminos dificultosamente se entienden. No es provechosa, porque no da luz a las almas sinceras, ni les enseña con claridad el camino, para entrar en la perficion, antes les haze gastar su tiempo, y entendimiento en penetrar essos nombres, y es causa de diferencias, argumentos, y disputas entre varones espirituales, que ni son de provecho para los letrados, ni para los siervos de Dios pequeñuelos, que no professen letras. Y es peligrosa manera de definir y declarar la perficion. Porque della se han seguido y siguen muchos errores, de los quales quiero referir algunos para mayor claridad, de lo que se ha de saber de buen espiritu, en bien de las almas.

Y quanto a lo primero llamar a la perfecion union _Essencial,_ parece, que es dar a entender que sola ella es necessaria, y de aqui se ha seguido dezir algunos, que no es menester hazer otra peticion a Dios, sino pedille que nos de esta union, y todas las demas peticiones son superfluas; Este error es claramente contra la doctrina de Christo en el Pater noster, que nos enseñò a pedir diziendo, _Cum oratis dicite, Pater noster_ &. en el qual pone siete peticiones.

De llamar a la perficion union _Immediata_ del alma, se resvalan algunos en dezir: que es imperficion buscar a Dios por medio de las Imagines, y dizen que pintar Imagines, es hazer ydolillos y aconsejan que no se pinten, y las quitan a los que las tienen: la qual es heregia condenada en el Concilio Nyceno segundo.

Y tambien dizen, que siendo perficion unirse el alma, y juntarse imediatamente con Dios, es imperficion buscarle por medio de las criaturas: y assi quitan la meditacion, por que dizen ser imperfeta, contra S. Pablo que escrive _Invisibilia Dei,_ &.

De dezir que la perficion es union _Passiva,_ y no activa infieren, que es imperficion y tiempo mal gastado el hazer obras buenas, y assi dizen que lo es, el andar Romerias, y ganar indulgencias: y que quando su Santidad las concede, es porque se conforma con la peticion y demanda que le hazen los imperfectos.

De llamarla *Momentanea,* o instantanea (demas de dezir que es union passiva, è imediata) toman occasion de affirmar, que rezar vocalmente sea imperficion, y que la oracion vocal es imperfeta, y que se ha de dexar por tener mas tiempo para contemplar a Dios en lo interior del alma. En la qual (estando el coraçon atento y suspenso) dizen que en un instante, y momento le enrriqueze Dios de grandes bienes. Y añaden que se ha de dexar de rezar la Missa y el oficio Divino, aunque uno le tenga de obligacion: porque dizen que es cosa imperfeta. Y este error es contra el Concilio Lateranense en tiempo de Inocencio Tercero, y es de los Lutheranos.

Llamanla *Caliginosa* y obscura, y que consiste en lo interior del coraçon, deslumbrado con una niebla y obscuridad interior, como aquella por donde *entro Mosen para tratar con el Señor:* y assi dizen, que el alma que quisiere ser perfeta, ha de dexar todas las cosas y obras sensibles, aunque sean las virtudes, para entrarse (como Moysen se entro) en la niebla interior de su conciencia, y condenan por imperfecta doctrina la que aconseja obrar virtudes y cosas exteriores, y tener presencia de Christo alegando aquello de S. Juan. *Conviene que yo me vaya para que el Espiritu Santo venga a vosotros* &. Que es clara heregia de Luthero y sus sequaces.

Ocultan, y encubren su espiritu, sin quererse manifestar y declarar a quien se lo pregunta (aunque sea letrado y religioso) con vana soberbia, con que dizen que no saben de espiritu, y ni le pueden saber los letrados: y no quieren llamar religiosos a los siervos de Dios que han dexado al mundo, y viven en Conventos, sino Claustrales. Y esto, que es despreciar las Religiones tiene gran sabor de Luthero y Calvino, &.

De la *Total aniquilacion* con que dizen, que ha de vivir el alma perfeta, quitando de si todo amor proprio, toda operacion interior, y exterior, y todo el amor, consideracion y reverencia que se tiene a las criaturas por Santas que sean, poniendola en solo Dios, infieren que es imperficion servir a nuestra Señora la Virgen Maria, y a los Santos, y que esso es amor proprio. Y que no se ha de rezar el rosario, y aun algunos le han quitado de las manos a quien le tenia y rezava. Y aun ha avido alguno destos, que ha dicho que la Iglesia impropriamente llama a la Virgen Maria Madre de Dios. Y dizen que los Santos se entristecen, quando se les haze honrra, o se les rezan oraciones particulares, o se les dizen missas, y que todo esto se ha de quitar, y aniquilar para ser el alma perfeta, y juntarse con solo Dios. Y bien se vee que este yr contra la devocion de la Virgen Maria, y de los Santos es abrir el Demonio la puerta al Lutheranismo. Y especialmente que ha avido algunos destos, que han aconsejado a un Sacerdote, que no gaste su tiempo en dezir missa, y que aunque en toda la vida no la diga, no haze al caso.

Quando affirman, que la perficion consiste en la *Suspension* del alma sin ningun acto interior de entendimiento, y voluntad (entendiendo mal los raptos y extasis de S. Pedro y San Pablo, y de otros Santos) quitan los actos interiores del amor de Dios y del proximo, y las efficacias, fervores, y elevaciones del Espiritu, que es doctrina de Christo, y de todos los Santos, y Authores que han escrito libros spirituales.

Poner la perficion en *Visiones,* y revelaciones, es dar entrada a los peores hereges de nuestros. tiempos Anabaptistas, Menonistas, y Perfectistas, y a los antiguos Alumbrados,

Begardos y Beguinas, cuyas heregias nacen de seguir su proprio espiritu: y no se acuerdan que *Satanas transformado en Angel de luz* (assi como hablo con Eva para la engañar) habla con muchos heresiarchas y otros engañados y perdidos con illusiones, para los destruyr.

Ponen los *Regalos* y gustos del amor fruitivo por lo sumo de la perficion, y querrian estar siempre en aquellos gozos, aunque faltassen de rogar a Dios por su salvacion. Antes dizen que es imperficion rogar a Dios por ella, y que no se ha de hazer ninguna obra buena con esperança de premio en la otra vida, sino que en esta vida el premio, el merecimiento, y la perficion consiste en este amor fruitivo y gustoso, y dizen que no ay para que acordarse que ay premio de gloria eterna &. La qual es abominable doctrina, y contra la sagrada escritura, specialmente aquello de David: *Inclinavi cor meum ad faiciendas justificationes tuas propter retributionem.* Demas de que plega a Dios, que estos sus gustos (que llaman espirituales) no redunden en sensuales y carnales. Que essa es traça muy ordinaria del mal espiritu que no halla *descanso en los lugares secos de las almas,* a quien Dios lleva por cruz interior y exterior, y anda buscando los humedos de los sensuales y carnales.

No digo que todos los authores de los libros que llame peligrosos affirmen ni escriban todos estos errores, sino que desta doctrina se pueden coligir; y que ha avido quien los colija, siga, y afirme.

Y no solamente de la doctrina destos libros, sino de otros mas antiguos y espirituales, y aprovados toman ocasion de errar entendiendo los mal. Como de muchas cosas que dize Henrico Herpio, Taulero, Rusbrocquio, Blosio, y otros semejantes. Verdad es, que en algunas partes esta vedado Henrique Herpio: y que antiguamente estos libros tenian alguna desta doctrina, especialmente los impressos en lengua Flamenca, como me he informado, de quien los ha leydo, y lo sabe bien: pero agora estan expurgados y impressos de nuevo. Mas no hara esto al caso, para que los que quisieren torçer el buen sentido, no se aprovechen dellos para sus errores. Y no solamente destos, sino de todos los que escrivieron de cosas espirituales y de union, espiritu, y perficion, echaran mano para escudarse con ellos, y querer authorizar su erronea doctrina. Ya me han dicho que de cosas que yo he escrito en mi Dilucidario, hablando de los fines del espiritu, y de la union del alma, han tomado algunos ocasion, y dadome por author de su doctrina. Mas que hemos de hazer? tambien de la Biblia toman los hereges (declarandola mal) occasion de sus errores o miserables tiempos, y estado digno de llorar con lagrimas de sangre! que si no escrivimos ni leemos libros espirituales, ni nos exercitamos en oracion mental y contemplacion, perdemos el camino de amar a Dios, y al proximo, como a nosotros mismos, en que consiste todo nuestro bien, y somos tan flacos, que en perdiendo este norte de la oracion mental, y exercicios espirituales, vamos perdidos, y daremos al traste en el pielago de la sensuali-dad, donde tantos indevotos se anegan: y si escrivimos, leemos, y exercitamos cosas de oracion y espiritu, nos las tuercen, unos en mal sentido, y otros toman occasion de sus errores, y otros, aunque sean letrados (especialmente de los que no siguen espiritu) con el zelo de defender la fee, reprehenden y persiguen los libros, doctrinas, y perso-nas espirituales. Mas porque he escrito muy largo contra esta mala doctrina espiritual en una Apologia, y declarado, qual sea la perficion del alma, y el verdadero espiritu, basta lo que he dicho, para combidar a que lloremos este Atheismo espiritual, dando fin a esta quinta lamentacion.

Lamentacion sexta

De los Atheistas Hypocritas, asi los que repruevan y conde-
nan todas las Fees y Leyes, como los que todas las admiten,
diziendo, que en qualquiera se pueden salvar: y (siguiendo en
lo interior, y occultamente sus desseos) en lo exterior se fingen
muy observantes de aquella ley, que les esta bien a su hazienda
y reputacion. Dizese quien fue Loy de Schalledecker, inventor
desde Atheismo en estos tiempos.

Tratando el doctissimo y religiossimo Padre de la
Compañia de Jesus Antonio Possevino del origen de
los Atheismos de nuestros tiempos, refiere a S. Irineo,
Tertuliano, Iustino Philosopho martyr, Theodoreto, y
otros muchos, que dizen: ser el Atheismo el mayor artificio
del Demonio, y la mayor desventura, a que el alma puede
llegar: y que nace quando queda ciega de la luz natural,
que Dios le infundio en el conocimiento y razon (segun
aquello, *Signatum est super nos lumen vultus tui Domine.*) Y
desta ceguedad (dize) que han nacido todas las heregias del
mundo, assi las antiguas, como las de nuestros tiempos,

y refiere diez Atheismos desde el capitulo quinto hasta el 7, en que caen los hereges de nuestros tiempos, principalmente los de Bohemia, Suevia, Transilvania, y Moscovia, imitando a Luthero, Calvino y a sus secuaces, que todos se pueden llamar Atheistas. Yo no trato aqui de las heregias que siguen alguna secta particular, o alguna heregia distincta de otras: sino llamo Atheismo a la profundidad de malicia a que llegan los hereges destos tiempos, que aviendose apartado de la Iglesia Romana, ya no siguen, ni paran en la seta Luthero, Calvino, ni Mennon, sino que de todas las leyes, fees y religiones hazen burla, siguiendo su particular opinion y apetito, que solamente tienen por fee y por ley. En este genero de Atheismo estan encenagados los que llamo Atheistas hypocritas.

En el qual ay dos partes principales: la una, la malicia con que deshechan todas las leyes: la segunda, la hypocresia con que se fingen muy observantes de aquella ley, que les esta bien para su hazienda o reputacion. Y estos Ateistas (a mi parecer) son tanto, y aun mas dañosos que los Atheistas blasphemos, sensuales, libertinos, y espirituales (de quien hemos llorado en las passadas lamentaciones.) Porque (aunque encubiertamente siguen las mismas abominaciones que ellos) añaden otra mayor, que es recibir el Santissimo Sacramento del Altar, y los demas Sacramentos en mal estado, cometiendo pecado tan grave, que (como dize S. Thomas) es muy poco menor, que el de aquellos, que crucificaron a Christo, y los Atheistas que hemos dicho arriba, no comulgan, ni llegan a los Sacramentos de la Iglesia Romana.

Para claridad quiero começar por la vida y costumbres de un mal hombre, que podemos llamar principio, cabeça

y capitan deste Atheismo en nuestros tiempos (segun
lo he leydo en Prateolo, Lindano, y Manuel Demetrio,
que escrive la historia de Flandes, y me he informado de
algunos del Magistrado de Anveres: que para darme luz,
han rebuelto algunos libros y registros que ay en la casa
de la Villa. El año de 1521. en tiempo del Emperador
Carlos V. Y del Papa Clemente VII. Començò en Anveres
a sembrar este Atheismo de los hypocritas, un burges, vil,
soez, ydiota, ignorante, de baxa condicion, y de officio
mecanico de trastexador, llamado Loy de Schalledecker,
que quiere dezir Egidio el trastexador: porque Loy se
dize de Sant Eloy, que es lo mismo que Egidio (aunque
algunos lo interpretan Luys) y Schalledecker en flamenco
quiere dezir el que cubre texados con escallas o pizarras de
piedra negra. Este començò a sembrar entre los burgeses
de Anveres esta mala doctrina. Que Dios no haze caso de
las cosas de los hombres. Que no resuscitaran los cuerpos,
y que no ay Juyzio universal ni infierno. Que el hombre
no puede pecar, sino que el alma en saliendo desta vida se
va derecha con Dios que la criò impecable, y que no ay
para que tener temor de riada, ni guarda de ninguna ley:
porque todas ellas (assi la de Christo) como la de Lutero, y
los demas antiguos y modernos no son buenas. Y que cada
uno siga la vida y costumbres mas agradables a su apetito,
buscando por la via que pudiere mas gustos, deleytes y
hazienda, para cumplir sus desseos y appetitos, con condicion, que para no ser castigado, y vivir en el mundo con
reputacion y estima, se finja muy observante de aquella
fee y ley, que se sigue en la tierra donde vive. Si estuviere
entre Catolicos, que confiesse y comulgue a menudo, y
oya cada dia missa con mucha atencion: y hablandose de

la fee, defiende la Catholica con mucha fuerça: lo mismo si se hallasse entre Luteranos, oya la predica &. Llevo tras si este mal hombre mucha gente (como esta opinion es tan agradable a la corrupcion del vulgo, y tan conforme a la sensualidad) y siguieron le principalmente muchos de los burgeses de Anveres, a los quales llamavan Loyssisstas.

No se descuydò el Magistrado de Anveres, que entonces tenia gran cuenta con castigar hereges, a causa de unos Placartes, o Pregmaticas de Carlos V. Y assi al punto que le descubrieron, fue preso, y condenado a que traxesse en el pecho una señal de plomo o estaño, para que todos le conociessen por herege: mas con su hypocrisia, (mostrandose muy arrepentido de los errores que le probaron) engañò a los Pastores de las Parochias, y fue reconciliado, quitaronle la señal de herege, y restituyeronle en su primer estado. Pero no contentandose con el daño que avia hecho (o por yr desterrado de Anveres) dio buelta por Alemania, publicando y sembrando su secta con algunos falsos argumentos, y authoridades de la escritura mal entendidas, diziendo mal de la fee Catholica, y tambien de la secta Lutherana, que entonces estava en la mayor cumbre, aumento, y estima: y como mucha gente le siguiesse, vino esta nueva a oydos de Luthero y Philippe Melancton: llamaronle, convencieronle, y el desde ay se bolvio en Anveres con la misma porfia. Y desta segunda buelta pervirtio otros muchos Burgeses de los mas ricos. Pero Luthero (aunque enemigo de la fee Catholica) avisò al Magistrado de Anveres el daño que hazia aquel trastexador, y assi le metieron en prision con otros muchos. A el le quemaron vivo por heresiarcha y relapso el año de 1546. Y quando le quemavan dava grandes vozes a Dios pidiendo que abreviasse su juyzio (que assi llamava al fuego,) y degollaron con el a uno llamado Juan de Abrun, y a otro llamado Germini, y a otro pescador muy rico, que eran de los mas estimados y tenidos de la Burgesia de Anveres, y no alcançaron perdon, aunque le pidieron con mucha humildad a la Reyna Maria, que entonces governava. De los que quedaron presos, a muchos condenaron en penas pecuniarias; a otros desterraron, y al fin los soltaron a todos de la carcel. Los quales se fueron esparziendo por Inglaterra, Francia, Alemania, y muchas partes de Flandes, sembrando este Atheismo que oy en dia dura no con poco daño, ni ay pocos destos hypocritas.

No fue este trastexador el primero que començò en Anveres este Atheismo, pues (como escribe Giberto) en tiempo del Papa Calisto segundo, y del Emperador Henrique V. por los años de 1124. vivio otro herege tambien en Anveres llamado Tamdemo, o, Tanclino, que con el mismo engaño, y su vana Rhetorica engaño a muchos. Y vino este a ser tan bestial, y tan engañador, que destruia las hijas donzellas delante de sus proprias Madres, y adulterava con las casadas en presencia de sus maridos, teniendolo por obras muy Santas los de su seta (como hemos dicho de los Marabutos de Berberia.) A este mal hombre Tanclino confundio el Santo Noriberto Obispo Magdeburgense, que (dizen)fue el que instituyò la orden de los Premonstratenses, y fundò el monasterio de San Miguel de Anveres, cuya vida, y cuydado, con que desarraygò este Atheismo, se pueden leer en Surio, y en el libro de las grandezas de Anveres, que escrivio el doctissimo Scrivanio Rector, que al presente es de la compañia de Jesus de aquella Ciudad.

La confutacion de lo principal desta heregia y Atheismo de los hypocritas, (con divinas razones y authoridades de escritura) se hallara en el apendix, del doctissimo Leonardo Lessio, que hizo al libro que intitula, *Quae fides sit capessenda,* donde prueva quan abominable Atheismo es, affirmar que ninguna fee y ley es buena (como dizen estos) o por el contrario, que todas las leyes son Santas, y en qualquiera se puede uno salvar, que tienen otros. Como se vio en lo que acaescio los dias passados. Que aviendo acusado a uno por herege, le preguntaron si creia los articulos de la fee, y fueronselos declarando, y a todos dixo que si, y añadio que si querian que creyesse mas, y que mirassen ellos todo lo que querian que creyesse que todo lo creeria: porque tenia por cierto que todas las fees eran verdaderas, y todas las leyes Santas y justas, aunque unas dezian mal de otras pareciendo ser ella sola la verdadera, y que solo esso tenian malo.

Esta malicia de mudarse de una ley en otra, por sola su comodidad è interes, han usado muchos hombres notables y principales: digo por solo interes, que mudarla pensando ser la otra ley mejor, no es este Atheismo de que hablamos. Ezebolio Sofista Maestro del Emperador Juliano Apostata, siendo Arriano en tiempo del Padre del Emperador Constancio (que tambien lo era) al punto que Costancio (que era Christiano) heredo el Imperio professo ser muy Catholico. Y muerto Costancio, quando Juliano Apostata, que le succedio, adorava los ydolos, se hizo gentil. Muerto Juliano succediole en el Imperio Joviniano muy Catholico y piadoso, y entonces Ezebolio se echo a la puerta de la Iglesia, pidiendo perdon a los Catholicos, professando ser Christiano, como cuenta Socrates en su historia. Y Juliano su discipulo llamado por Excelencia Apostata (como refiere Nicephoro y Sozomeno) se fingio Christiano para alcançar el Imperio: y estando en el se bolvio Arriano y tambien Gentil, y perseguio mucho a los Catholicos, dandose a todo genero de maldad y apostasia. Pues que diremos del Emperador Valente? que (como cuenta Theodoreto) en un tiempo que le estuvo bien vivio como Catholico, y favorecio mucho a S. Basilio, mas despues (pareciendo que le venia mas a cuento) se bolvio herege Arriano, y consintio que qualquiera viviesse en la secta que le diesse gusto: prohibiendo solamente el exercicio de la Religion Catholica por razon de estado. Con esta misma hypocresia engaño el Emperador Anastasio a Euphemio Patriarca de Constantinopla, mostrandose muy Catolico, para que le coronassen por Emperador (como refiere Zonaras), y la misma siguio Maxencio, mostrandose muy Catolico y favorable a los Christianos, porque no le fuessen contrarios en su Coronacion: mas despues les persiguio terribilissimamente. Licinio estava casado con Constacia hermana del Emperador Constantino Magno, y viendo que su Cuñado se avia bautizado, y seguia la fee de Jesu Christo, fingio ser el tambien Christiano, porque el Emperador le tomasse por compañero en el Imperio: y despues que lo alcanço, fue gran perseguidor de los Catholicos. El mismo camino siguieron Hunerico Rey de los Vandalos en Africa, Leon 4. Y Miguel Beghe Emperadores de Oriente, y Jorge Poghibracio Rey de Boemia, y otros muchos a quien refiere el P. Ribadeneyra en su libro.

Este artificio de mudarse como Camaleones en diversas colores de leyes, o como la Xibia, que para pescar peces se muda de la color de la piedra, a que se apega, usan muchos de nuestros tiempos. Los quales (propriamente hablando) ni son Catolicos, ni Lutheranos, ni Calvinistas sino Atheistas Hypocritas: pues ninguna fee, ni ley tienen, aunque fingen guardar la que les esta bien, y aunque los otros hereges son malos, y persiguen a los Catholicos, o algun Santo o persona grave de los Christianos, estos hereges sin comparacion son peores, porque no solo persiguen al particular Catolico, ni van contra un particular libro y opinion o fee, sino contra Dios y contra Christo, y contra todos los authores y todas las leyes y fees, y contra toda la sagrada escritura. Poco tiempo ha, que escrivio uno destos en Alemania un libro, que intitula *(Tegen schrift)* que quiere dezir contra la escritura, cuyo Author se llama Sabastian Franch, en el qual junta todos los lugares que paresce se contradizen a otros en la Biblia, y de ay arguye que ninguna cosa della se ha de creer, y que por la misma causa la fee de los Christianos es falsa, y infiere lo mismo de todas las leyes y fees del mundo.

Quisiera yo referir aqui toda una carta del Papa Estefano segundo (que trahe el glorioso S. Cypriano en sus epistolas, y tambien Vincensio Lyrenense) que en ella se escrive muy largo desta abominable malicia; y dize, que si estos leen la Biblia y los Doctores sagrados con mucha curiosidad, es para mofar y burlarse de todo lo que esta escrito, asi de Christo Jesus en su Iglesia Romana, como de todos los demas authores de las otras sectas, y a todos contradizen. Los Novacianos persiguieron principalmente al Santo Papa Cornelio, como refiere Lindano, los Arrianos a S. Atanasio en Oriente, a San Ambrosio en Italia, y a S. Hilario en Francia, como también los Donatistas persiguieron a San Ceciliano, y los Nestorianos a S. Cyrilo Alexandrino, y assi otros hereges persiguen mofan, y dizen mal de particulares Santos, o particulares leyes, mas estos echan la red barredera de su malicia contra todos los Doctores y leyes del mundo.

Esta malicia, lo peor que tiene, es paliarse con hypocresia. Porque assi, ni se puede conocer, descubrir, castigar, ni desarraygar. El redemptor del mundo dixo muchas cosas contra los Phariseos Hypocritas, por S. Matheo en el cap. 3. Y en el 23. llamando su justicia _Pharisaica_ y exterior, indigna del Reyno de los cielos, y aconseja, que no los sigamos, porque publican las buenas obras que hazen _para alcançar alabanças humanas, ni ayunemos como los hypocritas tristes, y dize dellos, que ponen gran carga sobre los hombros agenos, y ellos no la quieren tocar con el dedo, y que hazen todas sus obras para que las vean los hombres. Traen grandes Philacterias o Pergaminos escritos con la ley en las frentes, y grandes ruedos y fimbrias en las vestiduras para parecer muy graves y Santos. Aman los primeros y mas honrrados asientos y cathredas,_ y que todo el mundo les honrre y llame Maestros. _Destruyen las casas y hazienda de las viudas, y daran buelta a toda la mar, y tierra para alcançar un liarte. Son ciegos, y guias de ciegos, sepulchros blanqueados, dentro llenos de cuerpos muertos,_ y otras muchas cosas, con que pinta muy al vivo la hypocrisia de los Phariseos, mas aquella hypocrisia. Y falsedad Pharisaica, no tiene que ver, ni es tan mala, ni llega con muchos quilates a la malicia y hypocrisia destos Atheistas hypocritas de nuestros tiempos. Porque demas del fingimiento de sanctidad, desprecian todas las leyes.

Hypocresia quiere dezir, sobredorado, y llamanse assi las obras, que por de fuera llevan un poco de oro de aparencia, y con ella encubren el amargo acibar, y abominacion que tienen encerrada, como las pildoras sobredoradas. Ay quatro maneras de hypocrisia. La primera, de algunos Catholicos que se fingen y hazen obras buenas, para ganar vana gloria, pero viven bien, destos dize el Señor, *que ya recibieron su premio*. La segunda peor que esta es, quando uno vive mal, y haze malas obras por agradar a hombres, y que no le tengan por hypocrita, como el que va a la casa del juego, donde peca, y acompaña en las deshonestidades a algunos de sus amigos, viviendo mal como ellos viven, pero al fin quando viene su tiempo, se arrepienten, confiessan y comulgan bien, y a estos podriamos llamar hypocritas alegres. Pero los que reciben el Santissimo Sacramento en pecado mortal, con fingidas confessiones, son peores, aunque quedan debaxo del gremio de la fee Catholica. Mas los sumos hypocritas y mas malos de todos son estos, de quien aora hablamos, que (fingiendose buenos Catholicos) comulgan mal, y aborrecen todas las leyes. Y assi no se con que se les pueda entrar para convertirlos: porque todo lo que les dizen, bueno conceden, nunca confiessan de si cosa mala, y se quedan endurecidos en su Atheismo.

LAMENTACION SEPTIMA

De los Atheistas Politicos, discipulos de Tiberio Cesar, Cornelio Tacito, Mons de la Nove, Plessis, Morneo, Bodino, y Machiavelo. Recopilanse, 26. errores dellos. Y apuntanse 12. virtudes de un buen Principe, y 12. defectos del malo: haziendo mencion de 12. Principes buenos, y 12. malos, nombrados en la Sagrada escritura.

Hasta agora he lamentado la miseria de los Ateistas blasphemos, sensuales, libertinos, perfectistas, è hypocritas. Agora (para lamentar la de los Atheistas politicos) quiero invocar al Cielo y a la tierra, para que oygan mis clamores, y la quexa que Dios tiene contra los Principes, a quien el ha enrriquecido, y engrandecido, y le desprecian, y desconocen, conociendo el buey a su posseedor, y el asno al pesebre de su Señor. Porque (como son estos Principes el coraçon y cabeça de sus Republicas) la herida del Atheismo que en ellos huviere, es herida mortal, y tan mala, que de los *pies a la cabeça no te dexa cosa sana,* como llora el Profeta Isaias. Y para proceder en esta lamentacion con mas claridad y orden, quiero cornençar, declarando

71

este nombre Atheista politico. Polis en Griego quiere dezir Ciudad: y assi politico significa, el que govierna Ciudad: y en nombre de Ciudad se entiende, Provincia, Reyno, Imperio, Obispado, Diocesis, y qualquier Republica. Y porque este govierno es en dos maneras, conviene a saber Eclesiastico y Seglar, Politicos se llaman todos los Eclesiasticos que goviernan en lo espiritual sus Iglesias, como Arçobispos, Obispos, Curas, Beneficiados, &. Y en lo temporal, sus Republicas, como Emperadores, Reyes, Duques, Governadores, Magistrados y qualquier otros Juezes y Señores temporales. Y para que procedamos con mas claridad y resolucion, llamemos con este nombre Principes a todos los que goviernan.

Estos Principes son en dos maneras, unos son buenos, y otros son malos: los buenos Principes se llaman los que son buenos en su persona, y buenos en su govierno, que goviernan bien sus subditos: los Principes malos son, los que en su persona viven mal, o goviernan mal a sus inferiores, porque *Malum ex particulari defectu.* Y assi aunque un Principe govierne bien, si es malo en su persona, se puede llamar mal Principe. Estos Principes malos, son en dos maneras. La primera, Principes defectuosos, y pecadores, que en su persona, o govierno, tienen algunas faltas. La segunda, Principes Atheistas y sin Dios. Y estos se llaman los que son tan malos, que tienen a Dios en menos estima que a su estado: y hazen a sus Republicas ultimo fin, y a Dios y a las cosas divinas medio para alcançar el fin de su felicidad, hazienda, reputacion, conservacion o augmento de su Republica, y para conseguir este fin, cierran los ojos a todas las razones divinas, y solamente se goviernan por razon de estado, profesando la abominable doctrina de algunos que escriven, que todo lo bueno se ha de postponer por alcançar sus pretensiones temporales; y esta razon de estado tienen por ley, y por fee.

Destos Atheistas ay, y ha avido muchos en el mundo: pero de los que han escrito en particular de las leyes, avisos, reglas y aranzel, por donde se han de guiar los que quisieren alcançar el augmento y consecracion de su republica (entre otros) los principales son, el Emperador Tiberio Cesar: el Historiador Cornelio Tacito: un Juan Bodino en su libro que el intitula *Methodus Historiae,* y en otro llamado *Demonomania,* y en un otro intitulado *De Republica.* Y Philippo Morneo, en el libro que escrivio *de veritate Christianae Religionis:* y un soldado Calvinista llamado Mons de la Nove en sus *discursos Politicos y Militares:* y otro llamado *Mons de Plessis.* Pero quien mas de proposito, y con mayor daño de la Christiandad ha escrito desta maldita doctrina, fue un Secretario del Duque de Florencia, llamado Nicolao Machiavelo, en tres libros que haze de la *Institucion del Principe.* Por laqual causa, muchos llaman Machiavelistas a estos Atheistas politicos.

Contra esta pestilencial doctrina, han escrito otros muchos, assi hereges como Catholicos. Un Calvinista escrivio un libro intitulado *Antimachiavelo,* que (aunque esta inficionado con los errores de Calvino) descubre muy al vivo los de Machiavelo. El Doctissimo y religiosissimo Padre Antonio Fossenino de la Compañia de Jesus, escrivio admirablemente contra Bodino y Morneo, y en su libro primero *Bibliothecae selectae* en el capitulo veyntiseys. Y tambien un Canonigo de Tournay, llamado Pedro Correto, escrivio otro libro intitulado *Defensa de la verdad,* contra las proposiciones de Mons de la Nove: y el Padre

Pedro de Ribadeneyra, tambien de la Compañia de Jesus compuso en Español un admirable libro, llamado, *De la Religion y virtudes que deve tener el Principe Christiano, para governar y conservar sus Estados, contra lo que Nicolas Machiavelo, y los Politicos deste tiempo enseñan.*

No es mi intento disputar de proposito contra los errores de los Politicos, sino llorar su ceguedad, y el daño que causan (si Dios no lo remedia) y porque es dificultoso descubrir las serpientes, escondidas debaxo de las yervas y flores destos hereges, que van con tanta Rhetorica y artificio solapando su abominable doctrina debaxo de razones dulces y aparentes: y es trabajo no pequeño reduzillas a methodo. Para que mejor se entiendan, me parecio seria bien nombrar doze fuentes de donde mana el agua de la doctrina de un buen Principe, que estos inficionan, y entosigan con su ponçoña. Estas se pueden llamar Razon, Fee, Consejo, Observancia, Rectitud, Culto divino, Recato, Beneficiencia, Verdad, Religion, Zelo, y Paz.

Y para declarar la bondad del buen Principe en pocas palabras, y que nos de luz para entender los defectos del Principe malo, y los errores destos Atheistas Politicos me parecio a proposito escoger doze buenos Principes de la sagrada escritura, y otros doze malos para reduzir a ellos la maldad de los Atheistas Politicos, llevando la vida de los unos, y de los otros por guia y nivel, de lo que dire. Los buenos, son Christo Jesus, Abraham, Jacob, Moyses, Samuel, David, Ezechias, Josaphat, Onias, S. Pedro, S. Juan, y los Apostoles de Christo. Los malos, el Anti-christo, los Principes de Sodoma, Esau, Pharaon, Saul, Hely, Acaz, Roboan, Jason, Pilatos, Herodes. Y los Principes de los Judios, Escribas y Phariseos; Con esta luz procedere a contar en breves palabras las virtudes de un buen Principe, las faltas del malo, y los errores de los Atheistas Politicos por el orden siguiente.

De la Razon, y de Christo, y el Ante-christo

El buen Principe govierna su vida, y su Republica por verdadera razon Christiana, teniendo a Dios y a su divina honra y gloria por fin, y principio de sus obras, y de la administracion de su Republica, y ha de ser tal que examinado en el amor de Dios pueda responder con San Pedro, _que le ama mas que todos,_ y que ama mas a Dios que a todas las cosas criadas, y perdera su estado, augmento, y conservacion de su Republica, honrra, hazienda y reputacion por no ofender a este gran Señor. De la manera que Christo (que es verdadero Dios, y suma bondad) descendio del cielo por salvarnos y llevar las almas al cielo, padeciendo por este fin muerte y passion. Y pues los Principes y Reyes son ungidos y se llaman Christos, la regla y el nivel por donde han de proceder en su vida, y govierno es la razon Christiana.

Al contrario el Antichristo, tendra por fin dilatar su Imperio con engaños, crueldades, y abominaciones, siguiendo su amor proprio interes y reputacion, y posponiendo a la conservacion y augmento de su estado toda razon, bondad, y justicia. Y assi el mal Principe falta en el servicio de Dios, y en administrar sus vassallos, de modo que se salven, poniendo los ojos en sus provechos, antes que en la salvacion y fruto espiritual de las almas que govierna. Y quando alguno destos llega a tanta desventura, que professa querer y estimar mas el augmento y conservacion de su estado, que a su Criador y a las cosas divinas, poniendo por fin y teniendo en lugar de Dios a su Republica, y haziendo a Dios y a su divina honrra, medio para alcançalla este tal es Atheista Politico, y se govierna por sola la razon de estado, y deste primero error nacen todos los demas que contaremos.

De la Fee, Abrahan, y de los Principes de Sodoma

El buen Principe sigue, tiene y professa la verdadera fee, que es la Catholica Romana, y esta procura introduzir y conservar en sus vassallos: porque *sin fee es imposible agradar a Dios;* y assi es semejante a Abraham, (llamado Padre de creyentes) porque saco el pueblo escogido de Dios de Hur de los Chaldeos.

El mal Principe, o es infiel en su persona, o se descuyda en conservar la verdadera fee en su Republica; Machiabelo dize, Que el Principe, no ha de professar otra fee, sino la que le estuviere bien para governar su estado con prosperidad. Si entrare a governar Lutheranos (para ser acepto entre sus vassallos) mude la fee Romana en la heregia Lutherana, lo mismo si Calvinista &. Y lo segundo dize. Que por conservar sus vassallos en paz, y tener prosperidad en su Reyno (aunque el viva como Christiano) permita libertad de conciencia, y dexe al que quisiere ser Lutherano, que oyga a la predica de Luthero, y al Calvinista que haga la cena de Calvino, &. abriendo puerta en su Reyno, para qualquier secta que a el quisiere venir, sin castigar ni estorvar ningun herege (si con esta libertad augmenta su Repub. y hazienda) viviendo cada qual como aquellos Principes de Sodoma, que ellos y sus moradores con libertad seguian la abominacion que les dava gusto.

Del Consejo, Jacob y Esau

Jacob por admitir el consejo de su Madre Rebeca, y estar sujeto y obediente a su Padre, gano el mayorazgo y alçanço la bendicion. Y assi el buen Principe ha de governar su persona y estado con consejo de los mas sabios, y ancianos, y obedecer los buenos consejos y avisos de los buenos Principes, y Reyes de sus Antecesores, ymitando su buena vida. Mas el mal Principe sigue su proprio parecer: y como de ordinario nace el parescer del proprio amor, y de las passiones, a quien estan sujetos los Principes, (tambien como los vassallos,) de aqui es. Que el Principe que no admite ni sigue el parecer de sus tribunales y Consejos, ni gusta de Consejeros, siempre yerra. Assi como Esau, que siguiendo su appetito perdio el mayorazgo por gula de una escudilla de potage vermejo, y anduvo rebelde a sus Padres hecho Montaraz y Caçador, y persiguiendo a su hermano Jacob. Y la quarta regla que pone Machiabelo a sus Principes Politicos es. Que siempre sigan su proprio parecer, y no admitan otro consejo que el suyo, y aquel hagan guardar y cumplir sin querer dar oydos a quien les aconsejare lo contrario.

De la Ley, Moisen, y Pharaon

La observancia de la verdadera ley es el quarto ornamento de un buen Principe: y procurar que escriva Dios con su dedo la ley verdadera en su coraçon, y hazella guardar a todo su pueblo, como hizo Moysen, quando alçancò la Ley en el monte Sinay con señales del cielo. Y con su oracion (teniendo las manos altas) vencio a los Arnalachitas, peleando con mayor fuerça con su bondad y espiritu delante de la divina Magestad (de donde viene todo buen Imperio, govierno, poder y Magestad a los Reyes y Principes del mundo) que con la fortaleza de sus soldados. El Principe malo, endurecido en sus vicios, opresor de los justos, y rebelde a los divinos mandamientos, como Pharaon, no cura de la guarda de la ley, ni haze caso de las cosas divinas: y al fin viene con los suyos, a ser anegado en el abismo de la maldad. Dize Machiavelo, que las victorias y buenos sucesos de Moysen, se havian de atribuyr a caso y fortuna, o al valor y prudencia de su persona y Capitanes y soldados, y no a Dios. Y que no ay que hazer caso de señales del cielo, ni de milagros, y maravillas, ni se ha de dar a ello credito, mas de para tornar de ay ocasion de mover a los soldados, a que tengan corage contra los enemigos. Y que como tengan este brio y fuerça, no haze al caso que sean buenos, o malos que blasphemen de Dios, o le bendigan &.

Del culto divino, y de Samuel, y Heli

El verdadero Principe lleva por principal blason de su vida y govierno (en paz y en guerra) el culto divino. Que hasta los gentiles pusieron su felicidad, en esta adoracion de sus falsos Dioses: haziendoles sacrificios para aplacar su yra. Porque siendo el Rey devoto, y amigo de honrrar a Dios, y reverenciar sus Iglesias, y lugares sagrados, Dios bolvera por su causa, hara sus negocios, y governara su Reyno, assi en lo espiritual como en lo temporal. Buen Principe Eclesiastico fue Samuel, que tanto cuydado tuvo del templo y del altar y su trato, y comunicacion para acertar en el buen govierno, era siempre con Dios.

Muy al reves del mal Principe de los Sacerdotes Heli, que por no yr a la mano a sus malos hijos, para que no se aprovechassen mal de lo que en el templo se sacrificava, ni contaminassen el lugar sagrado, con las mugeres que venian al sacrificio, permitio Dios en castigo destos sacrilegios, que Heli y sus hijos muriessen mala muerte, y el arca del Señor fuese llevada cautiva de los Philisteos. No hazen caso los politicos Atheistas de la reverencia, que se ha de tener a los lugares sagrados, ni temen el castigo que Dios suele dar a los sacrilegos: antes aconsejan, por via de buen govierno a los Reyes y Principes seglares: que se aprovechen de los bienes y rentas Ecclesiasticas, para sus guerras y ocurrencias. Y que no castiguen sus soldados, ni les prohiban el no entrar y saquear las Iglesias, de sus adversarios Christianos, y robar los ornamentos y joyas de oro y plata de las Sacristias, despojando los altares: porque anden con mas fervor y animo en las guerras de sus Principes.

Del valor, y de David, y Saul

Thomas Bozio escriviendo contra Machiavelo, haze un libro que intitula, *de robore bellico:* donde prueva en algunos capitulos, que el verdadero valor de los Reyes y Principes, nace de la religion Christiana: y de llevar siempre el Principe por fin en sus batallas, bolver por la honra y gloria de Dios: castigando los rebeldes para que no levanten cabeça contra su Señor. Buen Principe fue David, y hecho al coraçon de Dios, devoto era, pero valeroso temeroso de Dios, y magnanimo, rendido a la divina voluntad, y valiente: pues se lee que de un solo acometimiento degolló docientos Philisteos. Y sin mas armas que una honda, y cinco piedras confiando en la justicia divina por quien peleava, cobro tanto valor, que de la primera pedrada derribo a sus pies el Gigante Golias; y es cosa maravillosa que queriendo el Espiritu Santo tratar de su Valentia y del valor de sus Capitanes, le llama *tenerrimus ligni vermiculus*, ternissimo gusanillo de madero; como quien dize: en esta su humildad, y desconfianza de si, consistia su valentia valor y grandeza de animo. Que es muy diferente el valor de un Principe buen Christiano, al que tiene el malo que en Dios no confia.

Digo esto a proposito de la mala doctrina de Machiabelo: que publica. Que los Christianos no pueden ser valientes, ni valerosos: porque dize, que la ley de Jesu Christo les enseña a sufrir, y padecer y a bolver el otro carrillo a quien les diere un bofeton, y cosas semejantes, que dize ser contrarias al valor y valentia. Y especialmente que ponen nombres a los Christianos de personas pusilanimes, como Francisco, Juan &. que no hizieron valentias; que si les llamaran Hercules, Hector, Achilles, &. mas se animaran, y cobraran mayores brios. Desventurado hombre que no leydo las muchas victorias, que han alcançado Christianos grandes siervos de Dios. Antes el valor nace de llevar (quando uno va a pelear) a Dios en el alma y en el cuerpo, que da mayor corage, brio y poder: segun aquellas palabras, *omnia possum in eo qui me confortat,* y lo que dize el refran *lleva un leon en el cuerpo. Y que buen leon del tribu de Juda es Christo Jesus, Dios omnipotente! Buenas victorias alcanço Saul (mientras fue amigo de Dios) mas en apartandole el Señor de su coraçon, quedò tan pusillanime y cobarde, que le parecio ser necessario acudir a una hechizera Phitonissa, para alcançar animo, y aunque Saul la hablò, quedò muerto y todo su exercito desbaratado en los montes de Gelboe. Dize Bodino (uno destos Machiavelistas) que el buen Rey y Principe se ha de aprovechar de hechizeros y negromanticos, para alcançar* _sus victorias, invocando a los demonios que le ayuden. Como sino fuesse mas valeroso Dios, de donde viene todo el valor a los buenos Principes, que el diablo Padre de toda flaqueza y mentiras._

Del temor de Dios y penitencia, y de Ezechias, y Achaz

El temor de Dios, y convertirse a el, y hazer penitencia de los pecados, quando viere que las cosas no le suceden prosperamente, es gran refugio, ornamento, y excelencia de un buen Principe, que mediante la penitencia alcanço el S. Rey Ezechias quinze años mas de vida, y prosperidad de su Reyno; y (como se lee en el Paralypomenon) quando entrava en las guerras, embiava delante sus trompetas y pregoneros, que echassen bando, para que todos los soldados se convirtiessen a Dios y hiziessen penitencia.

Muy al contrario son los malos Reyes (como Acaz, y su maldita muger Iezabel) que aunque tengan amenazas de Dios, se quedan endurecidos en sus pecados, hasta que mueren de mala muerte, y sus almas vienen a ser comidas de los perros del infierno. Publica Machiabelo que nunca el Rey muestre arrepentimiento de cosa que hiziere: porque no le tengan por flaco. Y que mate o eche de sus Reynos y exercitos a los que predican virtud: porque dize que desaniman al pueblo. Y que no dexen confessar sus soldados al tiempo de arremeter y de los asaltos, porque no muestren temor de la muerte, ni se acobarden y hagan que otros teman.

De la justicia, y de Josaphat, y Roboam

Josaphat (cuyo nombre quiere dezir justo) Rey de Judea se trahe en su mismo nombre la justicia, y piedad, que ha de guardar el Rey con sus vassallos; no haziendoles agravios, ni imponiendoles injustas alcabalas y tuertos derechos: antes (como dize Esayas) sea el Rey *quasi Pater habitantium in Hierusalem,* (como lo era Heliachin.) De los malos Principes dize el mismo Esayas. *Tus Principes son compañeros de ladrones: todos desean cohechos, y dadivas injustas: guianse por favores humanos, y el pobre huerfano y la triste y sola viuda,* (que no tienen que llevar para untalles las manos) *pierden sus pleytos, y no es oyda su causa ni mirada su justicia.* Aconsejan los Politicos: que si el Rey quiere hazerse rico heche demasiados tributos a sus vassallos; Invente nuevos titulos y nuevas dignidades que les vender por subidos precios: no cayendo en la cuenta, de quan dañoso fue al Rey Roboan, agravar los tributos de su Padre Salomon, pues por ello perdio de las doze tribus las diez, y destruyo su reyno y nobleça.

De la verdad, y de Onias, y Jason

Toda la maquina de Machiabelo y de los Politicos se funda, en que el Rey ha de ser mentiroso engañador, fingido, hypocrita: y mostrar las virtudes que no tiene, ni de que haze caso. No sabiendo que la verdadera virtud, y la verdad virtuosa es la principal pieça del arnes del buen Principe; y que (como prueva admirablemente Bozio en 17. capitulos del libro que haze intitulado, *De Imperio virtutis, sine imperia pendere a veris virtutibus non simulatis,* contra Machiabelo.) Todos los Reyes y Principes, que han governado con fingimiento, è hypocrisia, han perdido al cabo de la jornada vida, honrra, hazienda è Imperio: y los que han procedido con verdad y virtud verdadera, sin fingimiento, han prevalecido y alcançado grandes bienes para si, y para sus Reynos: y governado los en paz, pureza, y bondad. Como se vee en las palabras, que se dizen del Santo Onias, en el segundo libro de los Machabeos, que son estas: *Causa pacis &. boni status in Hierusalem fuit Onias.* Que assi como Dios es infinita verdad, y la verdad se atribuye al verbo divino, que encarnò en nuestra humana naturaleza, y es Christo, Rey de Reyes, Señor de Señores: assi el Rey y Principe espiritual, o temporal ha de ser verdadero, y su palabra no ha de bolver atras como palabra de Rey.

Los Principes mentirosos, hypocritas, cautelosos, y fingidos no avian de governar: porque no tienen honrra, ni ser, pues no tienen palabra. Haze gran caso Machiabelo de Platon y Xenophonte, (y no se si los cita bien y a proposito) porque dizen que es bien que los Reyes mientan y engañen: pues que esta el mundo tan engañoso, que no podrian de otra suerte vencer sus enemigos, ni conservar la benevolencia con sus vassallos. Dize tambien que conviene muchas vezes mostrarse el Principe muy Santo y muy devoto (aunque no lo sea) para ganar credito con su Republica. Y si bien se mira en esta hypocrisia, y mentira que Machiabelo consiente a los Principes, y en todo lo demas que escrive en su libro: aunque no se eche de ver tan facilmente la ponçoña (como prueva divinamente Thomas Bozio en el capitulo quinze) es abrir la puerta a todos los fines y intentos de los hereges, que lo que ellos pretenden, es que no aya ningun Reyno de verdad, y que cayga la obediencia del Romano Pontifice, y que muchos sigan sus partes y opiniones, y principalmente los que eran buenos Christianos, por el mal exemplo que de ay han de tomar los otros: y los que siguieren a ellos, sean muy honrrados y ricos. Este es su intento y fin, y a esto van a parar sus fingimientos y hypocresias, como las de Jason el hypocrita mentiroso, que por hypocresia pretendio alcançar el sumo Sacerdocio: mas Dios descubre las mentiras, y la verdad prevalece eternamente.

De la obediencia al Papa, y de San Pedro, y Pilato

Sea el buen Principe muy sujeto y obediente al sumo Pontifice, y a los Perlados de la Iglesia: obedezca sus mandatos, tiemble de las descomuniones: y mientras desta manera governare, Dios le conservarà, y augmentarà su estado. Que las llaves de Pedro, y el poder que tiene para cerrar y abrir el cielo, no le vino de hombres, sino del mismo Dios que las puso en sus manos, y le mandò apacentar sus ovejas, assi, a los Principes seglares como a sus subditos, que todos han de estar sujetos al Papa, y no sin causa el sumo Pontifice corona al Emperador, como corono Leon 3. a Carlo Magno, Juan 12. a Otton y Gregorio Quinto, instituyo los seys Electores del Imperio, y que el Eligido en Rey de Romanos viniesse a recibir del Papa la Corona Imperial, y segun esto el Principe bueno que el Papa oye, *a Dios oye, y el que le menosprecia a Dios menosprecia.*

No puede tener peor cosa un Principe, que desobedecer al Papa, y menospreciar los Perlados Eclesiasticos; y es abominable el error de Machiabelo, en que dize. Que el Principe no admita mandatos del Papa, ni de la Iglesia. Ni haga caso, ni tema de sus descomuniones. Y parecele que seria bien que los Obispos y personas Eclesiasticas, estuviessen de todo punto sujetas a los Principes seglares, trabucando en esto la jurisdicion verdadera, y que fuesse el Rey y Principe seglar como un Pilato, que sentenciò y condenò a muerte a Christo Jesus.

Del zelo, y de San Juan Baptista, y Herodes

El zelo verdadero, y no perdonar al que va contra Dios, sea quan rico y principal quisiere *(poniendose el superior como muro en la casa de Israel, y peleando por la verdad)* es gran ornamento de un buen Principe: aunque por esta causa pierda la cabeça, como la perdio San Juan Bautista.

Pero el malo, lleno de crueldad y ambicion, su zelo no es otro que la vengança de sus injurias, y el amor que avia de tener como padre, es la crueldad, sequedad, y rigor con sus subditos, semejante a la de Herodes, que degollò al Bautista, porque le aconsejava lo que le convenia. Tres cosas dize Machiabelo en este punto. La primera que el Rey no quiera ser amado sino ser temido. La segunda que a tiempos sea Leon, y a tiempos raposa. La tercera que quite la vida a los zelosos de su Reyno, que aconsejaren al pueblo contra lo que el hiziere, o que les destierre y persiga porque estos tales (dize) que perturban la Republica, y ponen a los Ciudadanos en costumbres, que no estan bien a la hazienda, y reputacion Real.

De la paz, y de los apostoles de Christo, y Principes de los judios

La paz y quietud de un Rey y Reyno, es el principio de su conservacion, y las dissensiones causa de perderse. Y por esa causa Christo Jesus, quando entrava a hablar con sus discipulos, les saludava con paz. Y embioles a predicar paz por todo el mundo, y a llevar el Evangelio de la paz, mandandoles *que quien no los recibiesse, se saliessen de su casa, y limpiassen el polvo de sus çapatos.*

El amigo de rebueltas, dissensiones y bandos, y el Principe que consiente, o permite en su tierra duelos y desafios, no es discipulo de Christo, sino de Sathanas, y aun peor: porque si en el infierno no huviesse paz (como dixo el mismo Señor) el infierno se destruyria. Machiavelo dize, que procure el Rey sembrar dissensiones, y rebueltas entre sus vassallos, por tenellos mas sujetos, y que acudan a el, como a cabeça, a valerse los unos y los otros. Y tambien que para adquirir Reynos estraños, procure sembrar dissensiones, que por esta via se enflaqueceran, y los podra mas facilmente rendir y asujetar. Estos y otros muchos son los errores destos Atheistas politicos. Y con mucha razon se llaman Atheistas, porque derechamente van contra las condiciones de Dios, contra su ley, y gobierno.

Dios es bueno, y guiase con razon, su fee es la verdadera: es amigo del buen consejo: quiere que se guarde su ley: da valor a los Christianos: y quiere ser honrrado en si, y en sus cosas sagradas: admite a penitencia: es amigo de la justicia, de la verdad, obediencia, zelo y paz. Estos malditos Politicos aconsejan dissensiones, crueldad, desobediencia, mentiras, tyranias, obstinacion, sacrilegios, presumpcion, quebrantamiento de ley, amor proprio, heregias y toda maldad debaxo de razon de estado, por lo qual con razon los lloramos como verdaderos Atheistas. Para exemplo dellos, pudiera nombrar la Republica de los Chinos, que aunque son de tanta policia, como sabemos, en las cosas de Dios son tan bestiales, que açotan a sus Idolos quando les piden algo, y no se les cumple su peticion. Mas para que hemos de yr tan lexos, teniendo tan cerca los del Magistrado de los Olandeses? que por la mayor parte ni son Christianos, ni Lutheranos, ni Calvinistas, ni Anabaptistas &. antes tienen en poco a los Ministros de qualquier religion, siguiendo solamente lo que les esta bien para sus navegaciones, y traficos, y augmento y conservacion de sus interesses, y por solo este fin guardan la policia que vemos en su Republica.

LAMENTACION OCTAVA

Del estado de los Atheistas Christianos desalmados. Declarase que sea obstinacion, insensibilidad, y dureza de coraçon, en que consiste su Atheismo. Y ponense diez miserias y desventuras, que principalmente tienen; declaradas con las palabras del Psalmo, Dixit insipiens in corde suo, non est Deus, y la maldad y daños destos Atheistas.

No hemos acabado de llorar la miseria y desventura de los tiempos en que estamos: antes sera bien pedir nuevas lagrymas, para llorar con Hieremias los muertos de la hija de nuestro pueblo, que son los Atheistas Christianos desalmados. Estos verdaderamente son Christianos, bautizados, y profesan y siguen la fee de Jesu-Christo: pero no hazen menos daño en la Iglesia Catholica, que los demas Atheistas que hemos nombrado, y para proceder con mas charidad, distincion, y authoridad de doctrina, quiero contar sus abominaciones y malas costumbres, siguiendo las palabras del Real Propheta David en los Psalmos 13. y 52.

Y antes que entre en este laberinto, advierto, que ay tres generos de pecadores, unos principiantes, que comiençan el camino del pecado, otros, que van creciendo y deteniendose en el, y los terceros, a quien podemos llamar desalmados, obstinados, y endurecidos. Destos tres generos de pecadores, habla el Real Propheta, diziendo, *Beatus vir qui non abist in consitio impiorum: &. in via percatorum non stetit: &. in Cathedra pestilentitr non sedit.* Desta Cathedra de pestilencia, y destos desalmados Catholicos, y deste abismo de maldad llorarè en esta lamentacion, dexando los primeros y segundos.

Para proceder con mas claridad, es de notar, que assi como Dios (cuya essencia es suma bondad) contiene en si tres personas divinas, Padre, Hijo, y Espiritu Santo; y conocemos en este gran Señor diez divinos atributos, que son lo mismo que la Essencia Divina, y convienen a cada una de las tres personas divinas, que se llaman, Infinidad, Inmensidad, Eternidad y Omnipotencia, Bondad, Sabiduria, Misericordia y Justicia, Providencia y Gloria Divina. Porque Dios es Infinito, Inmenso &. y el Padre es infinito, y tambien el Hijo, y el Spiritu Santo, assi lo sumo de la maldad, y el Atheismo de los desalmados Christianos: y el abismo de la miseria, a que puede llegar en este mundo un pecador, tiene tres partes que son contrarias a las tres personas Divinas en Dios, y son tres fines, a que llega el alma del pecador. La primera se dize obstinacion, con que el pecador persevera en sus vicios sin convertirse a Dios. Desta (que es como Padre y principio) nace la insensibilidad, que es la suma ceguedad de entendimiento y razon, a que el alma llega, quando no siente, ni haze escrupulo, ni tiene remordimiento de conciencia en las maldades que comete, y assi como el hijo divino es engendrado del Padre, por via de entendimiento, assi esta insensibilidad nace en el entendimiento de la obstinacion del alma: y destas dos, obstinacion, è insensibilidad, procede la tercera, llamada dureza de coraçon, con que el coraçon resiste a todos los medios que se le ponen para que se convierta, como el que no oye, ni se rinde predicadores &. de la manera que procede el Espiritu Santo del Padre y del Hijo. Llamamos pues Atheistas Catholicos y desalmados, a los que (aunque sean Christianos) son pecadores en sumo grado, y han llegado al profundo de la obstinacion, insensibilidad, y dureza de coraçon.

Assi como en Dios ay los diez atributos, que nombre: assi en estos Atheistas se hallan diez abominaciones principales, que las quiero comparar aqui a los diez cuernos de la quarta bestia de dientes de hierro, de que habla Daniel. Porque es muy buena figura para declarar este Atheismo. Aunque tambien le puedo declarar con los miembros y condiciones de Behemot, de quien escrive Job, o con lo que avia en el templo destruydo donde estava el Idolo del zelo a la puerta Septentrional, como en el Propheta Ezechiel se contiene. Estos diez cuernos llamo al primero falta de charidad, y faltar Dios del coraçon. Al segundo, corrupcion de carne, en vicios deshonestos y torpes. Al 3. pecados nefandos y contra naturaleza. Al 4. omissiones en la obligacion de su estado de cada uno, endurecidas en el coraçon. Al 5. gula y embriaguez. Al 6. malas palabras, injurias, y murmuraciones. Al 7. rancores enemistades y falta de amor del proximo. Al 8. falta de temor. Al 9. falta de oracion; y al 10. escrupulos impertinentes. Estos son los principales vicios, y los diez cuernos desta bestia, a que se pueden reduzir los demas. Quiero los yr nombrando por las mismas palabras de David.

Declaranse los psalmos 13. y 52 de David, de los quales se coligen las diez abominaciones de los Atheistas, Christianos desalmados

Dixit insipiens in corde suo non est Deus
Dixo el necio en su coraçon no ay Dios. Con la boca no lo dize, porque antes dize ser Christiano y es bautizado, y sigue la fee de Christo, (aunque fee muerta.) Dizelo con el coraçon; porque vive de tal manera, y haze tales obras, como si no huviesse Dios. Dize en el coraçon que no ay Dios, porque no mora Dios en su coraçon, sino Dragones, Avestruzes, Centauros y Satyros de demonios y vicios, como dize Isaias. Ha caydo (como Babilonia) de la gracia y amor divino, y *ha hecho a su coraçon morada de Demonios y casa de todo espiritu, imundo y aborrecible* (como dize San Juan.) Si dixera con verdad que tenia Dios en su coraçon amandole (pues por el amor viene la Santissima Trinidad al alma, *y haze en ella morada)* tuviera amor de Dios, y llevara la lampara encendida en sus manos, pero faltandole en el coraçon el azeyte de la charidad, quando a la hora de la muerte pensare que ha de entrar en el cielo, le daran con la puerta en los ojos, y le diran, *que no le conocen,* como hizo el esposo a las Virgines locas.

Y esta es la primera abominacion destos Atheistas Christianos desalmados, los quales toda la vida viven sin amor de Dios, y sin verdadera charidad del proximo.

Corrupti sunt
Estan tan corrompidos, *y podridos en el estiercol de sus sensualidades estas bestias,* Atheistas Christianos desalmados (como dize Joël) que toda la vida viven muchos dellos

amancebados, y aun hasta algunos Sacerdotes y Religiosos viven tan endurecidos, y obstinados en vicios sensuales, que *como caballos y bestias corren tras las mugeres de sus proximos al adulterio,* segun llora un Propheta. Y esta deshonestidad, tan sin emienda, en que muchos viven, no ha sido, ni es la menor ocasion de las heregias de nuestros tiempos; como se vee leyendo los libros de los hereges, que siempre nos dan en cara a los Catholicos con las torpezas destos desalmados. Y assi probo el Doctor Martin de Olane en un Concilio de Treveris delante del Emperador Carlo V. que el manantial de Luthero, y de sus sequaces avia sido la vida deshonesta de los Catholicos, especialmente de los Eclesiasticos y Religiosos. Que oy en dia viven algunos con mucha dissolucion en Alemania y otras partes; lo qual es mucho de llorar. Y no menos veer las deshonestidades, que se usan tan comunmente y sin enmienda, que aunque no lleguen a lo ultimo deste pecado, llegan en palabras, tocamientos y pensamientos a pecado mortal: de los quales no se enmiendan, ni se arrepienten, (y plega a Dios se confiessen) porque tienen por galanteria y gentileza andar toda la vida serviendo y festejando mugeres con pecados mortales en desseos consentidos.

Et abominabiles facti sunt
Aunque Dios perdonò muchas vezes su pueblo de Israel, pero al tiempo que fueron cautivos en Babilonia se lee, que avian consentido *Colegios de mancebos desbarbados,* como los que pretendio Jason en Hierusalem. De donde se colige, que usavan de pecados nefandos. Por los quales fueron abrasadas las cinco Ciudades de Sodoma. Que quando llega un alma a estar tan sin Dios, que se entrega a peca-

dos contra naturaleza (aunque sea baptizado) le podremos llamar a boca llena, Atheista: pues ha dexado a Dios de tal manera, que niega la naturaleza, en que le crio, y se da a peccados que aun las bestias no cometen.

Non est qui faciat bonum

La quarta abominacion destos Atheistas Christianos (y a mi parecer la mas dañosa, peligrosa, y engañosa de todas) es: quando estan endurecidos obstinados, è insensibles en el pecado de la ommission: y dexan de hazer las obras, a que son obligados a hazer so pena de pecado mortal. No leemos del mal sacerdote Ely otra mayor maldad, que la remission que tuvo en no castigar sus hijos, por la cual el murio mala muerte, y el Arca del Señor fue cautiva por los Filisteos. Destos pastores de Israel, que no tienen cuenta con governar sus ovejas, y lançar de su rebaño los lobos, se quexa el Señor por su Propheta Ezechiel: y el mismo Christo los llama *mercenarios y robadores*. Como pudierarnos contar de algunos Perlados, que han hecho mas daño en sus diocesis no resistiendo a las heregias, quando començavan, que los mismos hereges, que las sembraron. Quando un navio padece tormenta, y borrasca, mas daño haze el arraez y Piloto, que (aviendo de acudir con sus marineros a maynar las belas, dar a la bomba &.) se esta quedo, ocioso, negligente, y sin hazer nada, que el enemigo que (yendo dentro de la nao) le diesse algun barreno para anegalla. Porque aquel barreno puedese calafatear, de suerte que la nao no vaya a fondo: mas si a tiempo de la borrasca, el Arraez y Piloto se esta ocioso, y sin hazer nada, y no acude con fuerça a poner remedio (como esta obligado) este es causa de la total ruina y perdicion del navio. O

Jesus! quien pudiesse llorar el gran daño que hazen algunos superiores, que (escusandose con dezir que no pueden mas) con negligencia y ociosidad suya dexan entrar en sus Republicas los vicios y heregias. Que se me da a mi, que un Superior sea devoto, y parezca Santo, exercitando obras de supererogacion (a que no esta obligado) si con obstinacion, dureza, è insensibilidad falta en hazer las que de obligacion le tocan?

Sepulcrum patens et guttur eorum
Bien pudieran declarar estas palabras de otra manera, mas quiero las dar el sentido de la gula y embriaguez: *que quitan el coraçon, como tambien le quita la sensualidad.* Porque assi como el sepulchro no se harta de carnes muertas, y esta abierto para recibirlas: assi estos tienen siempre las gargantas abiertas, para comer y bever. En banquetes gastan sus haziendas. En banquetes gastan su tiempo; que acaesce estarse tres y quatro horas a la tabla, y quando salen della, salen tales con lo mucho que han bevido, que ni son para consejo, ni para govierno. Y lo peor es, que ni se afrentan de emborracharse, ni aun (quiça) lo tienen ni confiesan por pecado, y siguen a los hereges (y aun les echan el pie delante) en este Atheismo de la incorrigible gula. Y pues que borracho perdio la vida y su exercito Holofernes, y en el banquete y festin, fue degollado el Bautista, que mucho que estos Atheistas embriagados sean causa de mucho daño en la Yglesia Catholica.

Linguis suis dolose agebant
Las malas lenguas destos desalmados, no se pueden explicar con pocas palabras. Porque (demas de las menti-

ras, juramentos, blasfemias y murmuraciones que dizen) con los falsos testimonios que levantan a otros, haziendoles mal con la lengua, con que les quitan la honrra (que no ay vivora, Aspide, ni Basilisco tan ponçoñoso como ellos) nunca restituyen honrra que quitan, ni hazen caso de la quitar: y como gente sin Dios, se endurecen cada dia mas en su abominacion de mala lengua.

Veloces pedes eorum ad effundendum sanguinem, viam pacis nescierunt

Tienen pies ligeros para derramar sangre por los odios, rancores, enemistades, y poca paz con que viven entre si. Porque como faltan en la charidad de Dios, tambien faltan en el amor del proximo. Y assi quando se les ofrecen venganças, executan sus malas voluntades, y no ponen freno en la yra. Unas vezes persiguiendo al descubierto, otras con mañas y falsedades andan descomponiendo, y quitando hazienda y honrra a sus hermanos. Como suelen hazer algunos que son ministros, o viven en los palacios, y en servicio de los Reyes, de lo qual jamas se enmiendan ni confesan.

Y si estos tales acaece ser Reyes, o Señores, y comiençan a traer guerras y batallas entre si, por puntos de hazienda, honrra y razon de estado, bien cierto se puede temer la perdicion de sus provincias. o quando con porfia quiere cada uno llevar su opinion adelante, y no concuerdan entre si, pues dixo el Señor *omne regnum in se divisum desolabitur.* Por las dissensiones entre Achilles y Agamennon se destruyò el Imperio de los Griegos (como llora Homero.) Por las guerras civiles entre Cesar y Pompeyo el Imperio de los Romanos (como refiere Lucano.) Las divisiones en las tribus de Israel fueron causa de su perdicion. Por las discordias en tiempo de Juliano Apostata (como refiere Eusebio) vino gran daño en la fee Catholica. La vida y casa del Emperador Valente se deshizo por las rebueltas, que huvo en tiempo de los Arrianos (como escrive Nycephoro.) El Emperador Valentiniano y Justina fueron lançados de su Imperio, por las persecuciones que levantaron en la Iglesia (como refiere el mesmo Eusebio) y la Ciudad de Constantinopla estuvo a punto de perderse en tiempo de Eudoxia Emperatriz, por las dissensiones de los Arrianos y las rebueltas en tiempo de los Donatistas, Zuinglianos, Helvecios, y Albigenses, hizieron en aquellos tiempos gran daño, y en los nuestros las guerras causadas por los Lutheranos y Calvinistas, han sido causa de todos los trabajos que veemos, y de llegar a esta abominacion del Atheismo, como se puede leer en Optato Milevitano, Fontano, y Rufino, Lindano, Equio, y otros muchos Authores modernos.

Non est timor dei ante oculos eorum
Assi como *el temor de Dios es principio de la sabiduria,* y de toda la salud y bondad, segun aquello de Esaias, *ab spiritu tuo Domine concepimus, &. peperimus spiritum salutis:* assi la falta del temor es el principal seminario del Atheismo. Esta falta se halla en muchos desalmados Catholicos, que ni temen a Dios, ni a su divino juyzio, ni a la muerte, infierno, purgatorio, ni aun temen de perder su vida, honrra y hazienda, por no dexar de hazer su voluntad, quando se les ofrece la ocasion: y assi como faltos de temor (aunque estan bautizados) les falta la sabiduria, la gracia, y Dios del coraçon, y vienen a ser Atheistas.

Deum non invocaverunt

Que puede el hombre de su cosecha? pues no tiene otro caudal (como dize un Concilio) sino pecados y mentiras, sino acude a pedir a Dios mercedes con la oracion, para que pidiendo, reciba y su gusto sea cumplido. Que ha de hazer el pobre que ni tiene hazienda ni industria para ganarla) sino pedir al rico, y el enfermo a quien ha de acudir, sino al medico &. y pues Dios es Rey rico, y misericordioso, medico, y medicina, el Christiano que viniere a tanto mal, que se desprecie depedir a Dios mercedes, con la oracion, bien le podernos llamar Atheista, y ay algunos tan desalmados, que (ya que rezen de media rodilla, bolviendo los ojos a vistas peligrosas) su oracion es tan hedionda y abominable delante de Dios, *que buelve sus divinos ojos por no los oyr, ni ver sus manos que le levantan llenas de sangre.* Y mas le agrada (como dize Sant Augustin) *el brumar de los Toros, ladrar de los perros, y gruñir de los puercos, que el canto y peticion destos sin espiritu.* Y si con esto se contentassen, aun seria medio mal: pero persiguen a los siervos de Dios que siguen espiritu y oracion mental, como hazia Heli a la buena Ana madre de Samuel, llamandola borracha, porque sin mover los labios, levantava en el templo su coraçon a Dios.

Illic trepidaverunt timore, ubi non erat timor

Maravillosa cosa es, ver la ceguedad de algunos destos desalmados, de quien vamos tratando: *que se tragan el Camello, y ponen todo su cuydado en la pulga, miran la paja en el ojo de su vezino, y no ven la viga de lagar en sus proprios ojos:* semejantes los Phariseos que escrupulizavan llegar con los pies al umbral del Pretorio de Pilatos, por no contaminarse, y comer el Cordero. de Pascua, y no hazian escrupulo de pedir con instancia que crucificassen a Dios. Nunca falta ni faltaran en la Iglesia destos escrupulosos tan ignorantes, que reparando en cosas muy pequeñas, acometen terribilissimas abominaciones. No trato yo aqui (ni me parece que habla el Real Propheta) de algunos escrupulos, que nacen de passion, o ignorancia en almas desseosas de su salvacion, sino destos escrupulos de malicia y ceguedad en Christianos desalmados Atheistas, cuyas condiciones principales hemos declarado.

Y lo mas digno de llorar es, que aunque hemos puesto seys generos de Atheistas, conviene a saber, los blasphemos, sensuales, libertinos, espirituales, hypocryt:as, y politicos, y cada uno dellos parece que era lo sumo de mal y daño, que puede aver en esta vida, estos Atheistas Catholicos (que por tener la verdadera fee, parecen avian de ser los menos malos y dañosos) exceden a los demas en malicia. Porque quanto a lo primero, aunque con la boca y en lo exterior profesan ser Christianos, en el coraçon y entrañas (que es _lo que Dios escudriña,_ y nos pide) tienen las abominaciones de todos los demas. Algunos dellos son blasphemos, sensuales, y carnales, nefandos y borrachos, tanto, y mas que los hereges. Quieren vivir con libertad; siguen falso espiritu, estan llenos de hypocresia, y hazen mayor daño con su vana razon de estado (disfraçada con titulo de virtud) que los hereges politicos. Y digo que son peores, y que hazen mayor daño: porque los otros (salvo los hypocritas) no reciben el Santissimo Sacramento en mal estado, estos comulgan en pecado mortal, escandalizan mucho a los pequeñuelos, y les dan ocasion de pecar, y con su mal exemplo son causa que los hereges nos afrenten, y digan mal de nuestra santa fee Catholica, y tomen ocasion de sus heregias, y de endurecerse en ellas. Perturban a los que poco saben, porque no acaban de juzgar (segun la mala vida que en ellos veen) si son hereges o Catholicos: antes los murmuran, y tienen por hereges; y finalmente estos son los que mas provocan la yra de Dios, *porque conociendole, no le honrran, magnifican, ni hazen gracias,* y vienen al reprobo sentido del Atheismo.

Lamentacion novena

De las siete causas y rayzes del Atheismo, y de los siete daños y estragos que del se siguen.

Como el Atheismo es el sumo mal y abominacion del mundo, assi tiene las causas, rayzes y fuentes peores que los demas pecados y heregias. Y en honrra de la divina piedra Christo Jesus, de donde nos viene todo bien, que tiene siete ojos (de los siete dones del Espiritu Santo) quiero yr concluyendo esta obra llorando en esta lamentacion siete rayzes, principios y causas, y siete daños del Atheismo. Los otros pecados y heregias nacen de la tentacion de alguno de los tres enemigos, Diablo, Mundo, y Carne, mas para sembrar el Atheismo, todos tres se juntan, todos obran, y tienen mano en esta abominacion. El demonio es principal padre de los Atheistas blasfemos, y de los Ypocritas, y de los Atheistas espirituales, engañados con illusiones diabolicas. El mundo da principios a los Libertinos y Politicos. La Carne a los sensuales, y deshonestos, y todos tres juntos ygualmente labran en los Atheistas Christianos, sin que se aparte el un enemigo del otro.

Los demas pecados, unos nacen de ignorancia, otros de passion, y otros de malicia: mas en el Atheismo se haze una trença de todas tres cuerdas, ignorancia, passion y malicia, *quae difficile rumpitur.* Que mayor ignorancia, que negar que ay Dios &? Que mas desenfrenada passion que (por seguir sus apetitos) negar la providencia de Dios? Y que mas endemoniada malicia, que levantarse, y querer echar del mundo a su Criador? como hazen los Atheistas de la primera classe, y assi en los demas Atheismos: que si bien se mira en cada uno ay ignorancia, passion, y malicia. *Quicquid est in mundo, aut est concupiscentia carnis, aut concupiscientia oculorum, aut superbia vitae.* (Dize S. Juan) dando a entender que algunos destos pecados soberbia, luxuria, y avaricia se hallan en algunos pecadores, y acontece reynar unos en unos, y otros en otros. Que ya vemos hombre sensual humilde, y algun avariento casto, y algun soberbio liberal: mas los Atheistas (por la mayor parte) todos son sobervios, avarientos, y deshonestos: y la razon desto es, por que assi como en el centro convienen, y se comunican, y juntan todas las lineas, que en la circumferencia eran diversas y apartadas, assi tambien (como el Atheismo es el centro, el fin, el pielago y la mar donde entran todos los pecados.) el Atheista participa de todos ellos. Por lo qual advierto, que no se engañe, quien leyere este libro, pensando que no se haze buena division de Atheismos en siete generos: pues que el Libertino (pongamos caso en este) es sobervio, sensual, y avariento; y lo mismo el hypocrita y politico, y los demas. Que para hazer estas siete especies de Atheistas, no los diferenciamos por los vicios y peccados que se hallan en unos, y no en otros, sino por el peccado que mas predomina en cada uno, como hemos dicho de las virtudes de los Angeles. La quarta causa y rayz del Atheismo es la misma doctrina heretica de Luthero y sus sequaces. Que como enseñan que cada uno siga su proprio espiritu, y no haga caso de ningun Author, (por Santo que sea) viene el Lutherano, o Calvinista (despues que por seguir la secta Lutherana, se ha apartado de la Iglesia Catholica) a dezir pues dexo a San Augustin, y a San Geronymo, y los demas Santos (de cuya Santidad leo en tantas historias) por seguir mi libertad, y el sentido de la sagrada escritura que me diere gusto, porque me tengo de sujetar a Luthero y Calvino borrachos y deshonestos? &. Y assi dexa todas las heregias particulares, y desciende al profundo del Atheismo.

La quinta rayz de los Atheistas es, ver las dissensiones y controversias, que en lo essencial de la fee se hallan entre los mismos hereges de nuestros tiempos. Que unos son contrarios a otros: Luthero pelea contra Calvino, y Calvino contra Luthero &. De aqui toma ocasion el herege (que no quiere bolverse a sujetar a la Iglesia Catholica) para hazerse Atheista, y vivir sin ninguna fee ni ley. Bien se ha visto esto en nuestros dias: pues de las contiendas tan reñidas entre Francisco Gomar, y Jacobo de Arminio y sus discipulos, que todos eran Calvinistas, han nacido en Holanda (y cada dia nacen) nuevas sectas que ya no ay como los llamar, ni tienen mejor nombre que Atheistas.

La sexta rayz de los Atheistas es, el mal exemplo que veen en la vida y costumbres de algunos Catholicos: que juzgandolos por Politicos y Atheistas, toman de alli motivo, para dar en el Atheismo.

Finalmente la 7. Y ultima rayz de los Atheistas es, la remission, blandura, y el afloxar en el castigo y destruycion de los hereges, que avian de executar con rigor los Principes Catholicos, o en faltar a muchos (especialmente a gente rustica è ignorante) la doctrina y luz de la verdadera fee Catholica. Que como los hereges se veen sin castigo, ni quien les reprima su insolencia, vienen de mal en peor a endurecerse en las heregias hasta llegar al Atheismo, y lo mismo es en la falta de doctrina, como llorava pocos dias ha un viejo en Dordrecht de Holanda: diziendo que como avia el de tener fee, pues nadie le avia enseñado doctrina verdadera? y las doctrinas que oia en su tierra, eran tan contrarias a la razon, y tan diferentes y encontradas unas de otras que a todas tenia por fabulosas.

Si quisieramos particularizar estas siete rayzes del Atheismo, y contar historias, y successos que han acaecido, y cada dia acaecen en Holanda y Alemaña, fuera nunca acabar. Y aunque parece que ay otras muchas causas del Atheismo (como la costumbre de mudar los pueblos la fee, quando se muda el Principe que les govierna, y assi estar sin ninguna, hechos Atheistas hypocritas) todas ellas se reducen a las siete que hemos contado; de donde nacen las blasfemias, torpezas, libertad, malicia, hypocresia, avaricia y dureza de coraçon, que son los siete caños, por donde mana esta abominable agua del rio Eufratas de Babilonia, que es el Atheismo.

De los siete daños del Atheismo

Para llorar los daños y estragos, que el Atheismo ha hecho, y puede hazer en los tiempos de agora (si Dios no lo remedia) sera menester pedir nuevas lagrymas, y nueva gracia y favor, quiero los sumar en siete, y apuntarlos en breves palabras, porque tenga mas tiempo el que esto leyere, de llorar y lamentarse de tanta miseria y desventura. El primer daño de esta abominacion es, el que haze y puede hazer en las Indias sujetas a los Reyes de España: pervirtiendo las almas de aquellos miserables Gentiles, para que de todo punto queden sin remedio, predicanles agudissimamente contra la Idolatria, llamandonos a los Catholicos Idolatras, por la adoracion de las Imagines, persuadenles que les enseñan la verdadera fee de Christo, fingiendose verdaderos Christianos, y professores de la fee Catholica, è Iglesia reformada, abren puerta a sus passiones, sensualidad, y apetitos, prometiendoles seguridad de la vida eterna. Pues un pobre Gentil engañado con tan fuertes lazos del infierno, como querra oyr, ni creer la fee Catholica, que le enseña penitencia y aspereza de vida? especialmente que van en las naos de los Holandeses, Ingleses, y Alemanes, que tratan en las Indias desde el año de 1591. y antes, muchos Ministros de Satanas, enseñados a predicar contra la fee verdadera, con fin de apartar los animos de aquella Gentilidad de la benevolencia de los Reyes Catholicos, movidos con solo interes y falsa razon de estado. Y como salgan con esta su pretension de apartarles de nuestra fee, y obediencia, y benevolencia a nuestros Reyes les enseñaran y permitiran qualquiera ley que a los Gentiles diere gusto, y este es el Atheismo verdadero. Quisiera para claridad desto contar lo que refirio el año passado en Amberes un Ministro, que aviendo sido muchos años Anabaptista, avia llegado ya al Atheismo, y predico mucho tiempo en la Isla de Madagasar, que vulgarmente llaman de S. Lorenzo, y sabia la lengua de aquellos Indios, mejor que la natural suya, que quien le oyera, quedara espantado del gran daño que dexo hecho sembrando el Atheismo.

El segundo daño del Atheismo es en los mismos hereges, Moros y Judios, assi en muchos que caen en estas heregias de nuestros tiempos (y todas ellas van mezcladas de Atheismo) como en los que siendo, ya hereges, y cayendo en la cuenta, que la secta que seguian de Luthero, o Calvino, &. no es verdadera en lugar de bolverse a la fee Catholica, caen en el Atheismo, como le veen seguido de tantos, assi hereges como Catholicos, y con esto se endurecen de tal suerte, que se buelvan inconvertibiles a la verdadera fee, sino diganlo los Judios que moran en Amstredam, donde les han hecho Synagoga, que los mas dellos son Atheistas, aunque en lo exterior sigan el rito Judaico.

El tercer daño es en los Catholicos que viven mal, y de ordinario en pecado: que como se veen tan llenos del espiritu de su Carne, *toman la libertad del Atheismo por cubertura de su malicia,* y resbalanse al Atheismo, especialmente en el Atheismo de los que hemos llamado Atheistas hypocritas.

El 4. daño se haze en los buenos Christianos, que andan llenos de temores, y a peligro de juyzios temerarios, teniendo por Atheistas a los que los rigen y goviernan, como les veen tan codiciosos de hazienda, y tan metidos en su razon de estado. Y como saben que el Atheismo de los hypocritas y Politicos ha crecido tanto en el mundo, temen (y aun juzgan) que sus mayores se ayan ensuziado en el.

El quinto daño se haze en los Sacramentos. Porque estos Atheistas (especialmente los Christianos desalmados, y los

Atheistas hypocritas) los reciben en mal estado, y comulgan fingidamente.

El sexto es, que destruyen los Atheistas todas las virtudes, todo el servicio de Dios, y todas las sciencias verdaderas. Porque quitan el temor, negando infierno y Juyzio divino, desenfrenan la avaricia, rayz de todos males, hinchen el mundo de sobervia, hypocresia, y blasfemias: al fin (si bien se miran) los vicios y pecados destos Atheistas, son la rayz de todas las maldades y abominaciones del mundo. Finalmente, el mayor daño y mal del Atheismo es, ser irremediable. Porque contra qualquier herege se puede disputar, mas contra los Atheistas no se puede arguyr, que ni aprovecha contra ellos la Theologia ni las demas sciencias: pues niegan los principios de todas ellas, y como dizen los Logicos, *Contra negantes principia non est arguendum.* Mas que no negaran los que no conceden que ay Dios en el mundo? y si por rigor y castigo los queremos deshazer, encubrense con la hypocresia, y assi no hallamos ningun Atheista (de los muchos que sabemos andan mezclados entre Catholicos) a quien poder convencer ni castigar. De aqui es, y con esto concluyo, que aunque he contado todos estos siete Atheismos, no ha sido, ni es mi intento arguyr contra ellos, ni escrivir controversias, sino descubrir tan mortal llaga, para dar motivo a los que esto leyeren, que lloren y lamenten el miserable estado en que estamos, y pidan a Dios (que es el único remedio) se apiade de su Iglesia, y de tantas almas, como se pierden por quien derramò su sangre, y por el camino que el sabe, reduzga las que tan descaminadas andan al verdadero camino de la bienaventurança.

LAMENTACION DECIMA

De los diez pecados y maldades de los Atheistas: en que se suman las abominaciones de todos los pecadores. Y de los diez errores que siembran, adonde se reduzen todas las heregias que ha avido, ay, y puede aver: con que se declaran los diez cuernos de la bestia del Apocalipsi, cuyas siete cabeças hemos escrito, y se da fin a estas diez lamentaciones.

Llorado hemos las siete cabeças de la bestia, que son siete maneras de Atheistas. Digamos agora de los diez cuernos, que son diez abominaciones, y diez pecados, los mayores que entre todos los pecadores se usan: y son cabeça y principio de otros muchos vicios. Que assi como Dios es principio y fin de todo el bien, y es fuente de toda la bondad y universal Señor de todo lo criado: assi estos Atheistas (como son los mas malos hombres del mundo) en su Atheismo encierran el principio y fin de todos los pecados y abominaciones: y sus errores son lo sumo y principio de todas las heregias.

La primera de sus abominaciones, es el abhorrecimiento de Dios: pues de tal manera le abhorrecen, que niegan que aya Dios, o su divinidad. Que assi como el amor de Dios es principio de todas las virtudes, y el mandamiento de amar a Dios, es el mayor y primero de todos los mandamientos, y todas las perficiones tienen por fin el divino amor: assi en el aborrecimiento de Dios, (en que todos los Atheistas convienen) se encierran todas las abominaciones, que pensar se pueden.

Blasfeman estos a Dios: y pues el pecado de quien *blasfemare contra el espiritu Santo, no se perdona en este mundo, ni en el otro* (como el Señor dize.) Que esperança puede aver de remedio y conversion del alma que llega a ser Atheista?

Aunque parece que la luxuria no sea de los mayores pecados, son tan fuertes los *niervos y lazos con que enreda,* los miserables Atheistas, que llega el Atheista a ser un Leviathan.

Los antiguos Padres del yermo llamavan a la gula Castrimagia: como quien dize, Capitana de todos los vicios: y assi como el primer pecado del mundo, fue comer de una mançana vedada, de donde nacio toda la corrupcion de la humana naturaleza, assi de la gula destos, y de su embriaguez les nace la sensualidad, y los demas vicios.

La desobediencia y rebeldia, que estos Atheistas profesan, rompe el yugo y ataduras que el alma avia de tener a la divina voluntad, y rompido este yugo en los que dizen, *no serviam,* que se espera sino yrle despeñando en todo el mal que ymaginar se puede?

La sobervia destos es como de Lucifer; y pues hizo caer del cielo a los Angeles (siendo los que eran) y los bolvio abominables Demonios del infierno, que no hara en almas tan perdidas? que no solo quieren subir al cielo, è ygualarse a Dios, sino que quieren hazerse legisladores de la divina ley, y llegan a tanta sobervia que se llaman Dios, como diximos de los Libertinos.

El principio y rayz de todos los males, dize el Espiritu Santo, que es la Avaricia; esta en los Politicos, y en muchos de los otros Atheistas està en sumo grado: y al mismo passo andan los demas vicios. Con razon se llama malicia la dobleza del coraçon, malas entrañas, cautelas, y semejante ponçoña. Porque este nombre malicia, es la nata, la suma, y la quinta esencia de todas las maldades y abominaciones. Y en ningun pecador esta en tan alto grado como en estos desventurados Atheistas, tan engañados en ella, que todo su estudio ponen en engañar y pervertir a otros, como se vee que hazen los Libertinos, y Perfectistas, de quien hemos hablado.

No enbalde el redemptor del mundo en tantos lugares de la sagrada escritura reprehende la hypocrisia de los Phariseos; porque es como capa de todos los pecados, heregias y abominaciones, y haze las almas incorregibles, engañosas, fingidas y llenas de todo mal, con apariencia de bien: que es el sumo mal, a que se puede llegar en este mundo.

Finalmente la dureza de coraçon, que es la basa de piedra adonde llegò aquella cantara, (de quien habla Zacharias) *que salia, y metio dentro de si el talento de plomo, y la llevaron las dos mugeres de alas de Milano,* es lo ultimo adonde llega el pecador; que sale de la gracia, y se llena de maldades, y se dexa llevar de la avaricia y deshonestidad hasta la dureza de coraçon.

111

De los 10 errores de los Atheistas

Los errores de los otros hereges son mas particulares, mas los diez, en que todos los Atheistas (por la mayor parte) estan engañados son diez cuernos de la bestia, de tanto perjuyzio; que cada uno dellos de por si es principio de inumerables errores, y heregias de todos los hereges que ay, y ha avido, y puede aver.

Dizen lo primero: que no ay Dios. Pues que error no se sigue deste abominable desatino? que no ha avido nacion tan barbara, que no haga reverencia a su Dios. Hasta las criaturas irracionales reconocen tener criador solos estos llegan a tan desatinado principio.

Dizen que el alma no es immortal, y que no ay mas de nacer y morir como bestias. Con esto abren puerta a todos los errores de los hereges, y malos hombres, que aborrecen toda la virtud: y quitan el temor de Dios, que es freno que les avia de detener de sus abominables costumbres.

Ponen por ultimo fin del hombre la sensualidad, y apetito, como hazia Epicureo: y assi quitan el govierno de la razon natural, y hazen a los hombres bestias, abriendo puerta a todos los errores bestiales, que ay, ha avido, y avra.

No se si se puede aver ymaginado error de mayor desatino, y mas perjudicial, que decir.

Ser aquella la verdadera ley y fee, que a cada uno le viene en su coraçon. Con este error se quitan todas las fees, y todas las leyes, y el hombre miserable, è ignorante se quiere hazer fundador y legislador, que es proprio officio de Dios. Y si no es possible que dos contradictorias sean verdaderas, diziendo el uno, que en su ley se salvan, y el otro que en la contraria, a que confusion vendria el mundo, si esso fuesse verdad?

El dezir que aquel es el verdadero sentido de la sagrada escritura, que Dios da a cada uno en su espiritu: y declararla segun su entendimiento no haziendo caso de las declaraciones de la Iglesia, y de los sagrados Doctores, ha sido la puerta de todos los hereges, y de todas las heregias: porque quitan la palabra de Dios, en que se funda la fee y buenas costumbres.

No es menos error dezir que el alma es impecable, ni se puede ymaginar mayor disparate. Pues assi como vemos por los ojos, que el sol tiene luz, el fuego quema &. vemos que los hombres matan, adulteran &- y esso bien se vee que es malo y pecado. Y si todas las naturalezas criadas consiguen su fin, y hazen aquello, para lo que Dios los ordenò, y solo el hombre siente dificultad en vivir conforme a la razon (siendo racional) claro esta, que su naturaleza esta corrumpida, y nacio con pecado original.

El error de dezir, que ninguna ley aya verdadera, ni en que se puede el hombre salvar, es hazer los hombres sin ley y razon: guardando las bestias su ley natural en que Dios las criò.

No menos error es, affirmar que todas las leyes son buenas y santas; y en que cualquiera se pueden los hombres salvar. Porque siendo una contraria a otra: y diziendo la de Christo, que en la de Mahoma no se salvara el Moro, si la de Mahoma fuesse verdadera, ya la de Christo seria falsa y mentirosa, y la falsedad y mentira nunca es buena.

El error que se govierne cada uno por razon de estado, no es menor que los que arriba hemos dicho. Porque es hazer a la criatura ultimo fin, y a Dios medio para conseguirle, y pervertir todo el orden de la naturaleza.

Y finalmente dezir, que no ay infierno ni juyzio, &c. Y quitar el temor que reprime a los hombres de sus malas obras, es hazerlos peores que bestias pues los caballos, perros y otros animales por temor del castigo se dexan gobernar, y se apartan de mal, y hazen lo que deven. He contado estos diez cuernos de las diez gravissimas abominaciones, è intolerables errores que se hallan en los Atheistas por estos fines. El primero para recopilar en esta lamentacion, lo que he dicho de los Atheistas blasfemos, sensuales, libertinos, espirituales, hypocritas, politicos y Christianos desalmados, El segundo, para que se entienda, que en estos se encierra toda la maldad y ceguedad que se puede hallar en el mundo, y estos son la sentina y abismo de todos los pecadores, y hereges.

El tercero, para que se entienda, que es tiempo perdido, y afrenta de buenos entendimientos querer disputar, ni razonar contra estos: porque niegan los principios de todas las razones. Niegan a Dios y a la sagrada escritura, y a todos los Santos y Doctores: y a la misma luz y razon natural. Pues que armas quedan? ni que principios para podellas convencer por razon? Y que honrra ni provecho puede ganar quien con ellos se detiene en disputas? sino tratallos como a bestias, y hazer el caso dellos que se haze de los irracionales, y bolverse el alma a Dios pidiendole, *que in chamo &. freno maxillas eorum constringat,* y llorar su desventura, y que (pues el solo fin ayuda de ninguna criatura criò sus animas racionales) el torne a sus entendimientos el uso de la razon, y libre su Iglesia de tanto daño dandonos a todos luz, para que acertemos a servirle como conviene.